東京の神社さんぽ

戸部民夫

X-Knowledge

まえがき

神社やお寺を何カ所も一度に回る「社寺巡り」という参拝は、日本人が古くから行ってきた信仰の一形態です。その意味では伝統的なものですから、願い事を叶えるための効き目も大いに期待できます。神社めぐりの本は多数ありますが、祀ってある神様によってご利益や性特、性質が異なります。

そこで本書は、願いに応じたご利益別にコースを構成して、目的にあった祈願対象の神様を一度に何社も参拝できるようにしました。日本の神様は時代や社会変化に対応して幅広くご利益を発揮しますから、特に今日では一見して「どの神社の神様も同じでは？」という感じる方も多いはず。でも、本来、日本の神様はその基本的な性格に基づいた中心的なご神徳（霊力）こそ、最も強力にご利益を発揮します。そこで、本書はその「中心的な霊力」に基づいて、目的にあったご利益を発揮する神様を祀る神社を選んで、参拝コースに組み込みました。

具体的には、「開運・満願成就コース」は一般にさまざまな物事の運気アップが広く信じられている神様、「金運・財福コース」はいわゆる福神と呼ばれ、とりわけ商売繁盛などのパワーが信仰の中心になっている神様、「恋愛成就コース」は大国主命《おおくにぬしのみこと》をはじめ結婚の神様、夫婦神として知られる神様、「出世・勝運コース」は昔から成功勝利の霊験があらたかとされてきた神様、「学芸上達・合格祈願コース」は知恵の神様や、菅原道真のような生前の遺徳が学神と崇められている神様、といったところです。

　本書は、以上のような祈願の目的別神社めぐりの紹介とともに、かつての江戸庶民の物見遊山・行楽的な楽しみ方といいますか、現在の東京の歴史、名所・旧跡やレジャースポットなどの魅力的な立ち寄り先を楽しみながら歩けることを、もう一つのテーマとしています。また千葉、神奈川、埼玉、茨城、栃木、熱海など、東京近郊の日帰りで参拝できる社寺もご紹介します。

　御朱印集めファンや神社めぐりのベテランには楽しみを増やす一助として、また、これから神社に参拝に行く方には入門書として利用していただければ幸いです。

二〇一六年十二月　戸部民夫

4stepでわかる！

参拝のきほん

お参りの順序ってあるの？
御朱印ってどうやっていただくの？
神社さんぽをはじめる前に、
ちゃんと知っておきたい、
基本的な参拝のマナーを覚えておきましょう。
ご利益を引き寄せる、効果的なご祈願の方法も
あわせてお教えします。

Step1

鳥居の前で一礼

鳥居の前に着いたら、くぐる前には軽く一礼を。一番外側にある、「一の鳥居」から順に鳥居をくぐりましょう。参道を進むときは、中央ではなく、端を歩くようにしましょう。参道中央は「正中」といい、神様が通る道なのです。

Step2

"御手洗"で穢れを落とす

参拝をする前に、手水舎で身を清めます。ひしゃくをまずは右手で取り、水を汲んだら左手→右手→口→左手の順に清めましょう。最後はひしゃくを立て、柄に水をつたらせて清めます。口をすすぐとき、直接つけてはいけません。

Step 3

二礼、二拍手、一礼 でお参りしよう

会釈し、鈴があれば鳴らします。お賽銭を供え、「二礼二拍手一礼」が作法。神前に深く2度お辞儀し、手の平をあわせたら、右手を、左手の親指付け根程度まで下げ、拍手《かしわで》を2回打ちます。両手をあわせて念を込めたら、最後に一礼を。

Step 4

「誓う」気持ちで祈願する

祈願は、二拍手のあと。まず、日ごろの感謝を神様に伝えるとよいでしょう。それから、今日お参りに来た理由を、心の中でお伝えします。名前や住所を申し上げると、なおのこと願いが届きやすいといった説もあります。

COLUMN

御朱印をいただくには?

御朱印は参拝の証ですので、まず参拝を済ませて社務所へ。初穂料の小銭を用意し、御朱印をいただいている間は静かに待ち、終わればお礼を言いましょう。御朱印帳は神社用とお寺用を分けると、なお◎。

神社参拝 素朴な疑問10

**神社めぐりの前に知っておきたい、
お参りの基本マナーとよくある質問10にお答えします！**

01 願いを伝える効果的な参拝方法は？

参拝では「お願い」をするだけではなく、日常をぶじに過ごしている感謝も伝えましょう。お願いごとだけでなく、「神様の前で誓いを立てる」気持ちで参拝するのもおすすめです。どう心を込めるか、また込めたほうがよいかは、心の持ちようが大切です。

02 神様にカメラを向けていいの？

撮影禁止の案内がある神社以外は、撮影が許可されている場合が多いです。参拝を済ませてから撮りましょう。ただし、ご神体や、社殿内部の撮影はNG。フラッシュを焚いての撮影は、建物が傷むこともあるので避けましょう。

03 参拝に効果的な時間帯は？

基本的には境内は参拝自由です。特に陽の気があり、緑や境内の雰囲気などもぞんぶんに楽しめる、日の出ている時間帯がよいとされています。昔は大規模な神社では夜間に社務所や社殿が閉まってしまうこともあるので注意しましょう。

04 お賽銭っていくら入れればいいの？

5円はよく「ご縁（5円）がある」という語呂合わせから、縁起がよいとされています。お供えの金額は高額であればあるほどよいというわけではありません。そんななかでも、意味のこめられた縁起の良い金額もあります。

- **5円**：ご縁がありますように
- **10円**（5円2枚）：重ねてご縁がありますように
- **15円**：十分にご縁がありますように
- **21円**：割り切れない数字なので、恋愛継続・夫婦円満に良いとされています
- **25円**：二重にご縁がありますように
- **35円**：再三ご縁がありますように
- **45円**：始終ご縁がありますように
- **50円**：五重の縁がありますように
- **105円**：十分にご縁がありますように
- **115円**：「いい」ご縁がありますように
- **125円**：十二分に御縁がありますように
- **485円**：四方八方からご縁がありますように
- **1万円**：「円万」から、「円満に通ず」という意味とされています

05 神社の中にいくつかお社があるけど、どういう順番で回ればいい？

主祭神を祭る本殿のほか、境内の小さなお社を「摂社《せっしゃ》」や「末社《まっしゃ》」と言います。はじめに本殿をお参りして、摂社や末社をお参りしましょう。「摂社」は親子や兄弟、土地の神様など、主祭神と縁深い神様、「末社」はそれ以外の縁ある神様を祀ります。

06 おみくじは結ぶ？持ち帰る？

おみくじは持ち帰っても問題ないですが、おみくじを結ぶと「神様と縁を結ぶ」、凶のおみくじは「利き手と逆の手に持って片手で結べば、困難な行いを達成することによって凶が吉に転じる」などと言われています。

07 お守りはいくつも持っていてもいい？

「お守りを複数持っていると神様同士がケンカをする」などと言いますが、日本は「八百万の神」の国なので、万物に神様が宿り、共存すると考えられています。ただし、お守りは神様の力が宿るもの。丁重に扱いましょう。

08 神社の御朱印帳、お寺といっしょにしてもいい？

日本では、日本の信仰と仏教が混ざり、独特の儀礼を生み出した神仏習合の考え方が一般的ですが、寺社によって見解が異なり、一部の寺社では御朱印の混在をNGとしていることもあるようです。七福神めぐりなどでは寺社が混在していることもあるので、あらかじめ確認を。

09 体調不良・生理中のお参りはNG？

体調が万全ではないと、人でにぎわう神社などの場合、無理をすることになります。くれぐれも体調と相談しながらお参りをしましょう。ご自身が「お参りはちょっと……」という気持ちであれば、日を改めてよいのではないでしょうか。

10 10月（神無月）にお参りしても意味がないってホント？

「神無月」には全国の神々が会議のため、島根県の「出雲大社」に集まると信じられてきました。諸説ありますが、一説には神無月に神々が出雲へ出向く間、留守を預かる「留守神」が土地に留まり、神社を守るとされています。神社は神様を礼拝する場所なので、不在でも、どの神社のお参りでも聞き届けられるという説もあります。

もくじ

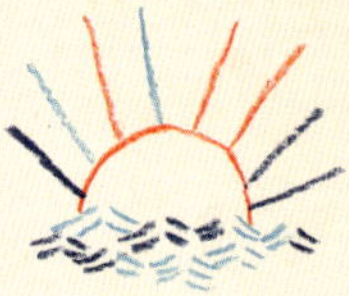

ブックデザイン　米倉英弘＋成富チトセ（細山田デザイン事務所）
撮影・協力　茂木宏美
イラスト　北村人
デザイン協力　デザインオフィスCOO
DTP　天龍社／横村葵
掲載協力　「御朱印・神社メモ」http://jinjamemo.com/
写真提供　社寺各社
印刷所　図書印刷株式会社

開運・満願成就のベストコース「浅草・向島」

「願いが叶う！」と評判の、満願成就の神社をお教えします！
最近、なんとなく元気が足りないという人はぜひ、
お参りするだけでツキをいただけそうな、
強運を切り開く神社をお参りしてみましょう。

【ご利益アイコン説明】

開運・満願成就のベストコース

強運を呼び込み、あなたの願いを叶える神社！

浅草・向島

名所浅草のにぎわいや江戸の香りと下町の風情

　観光名所の浅草を中心に、いわば「浅草・向島（の一部）神社めぐり」の定番ともいえる主な有名・有力神社を参拝するコースです。出発点は「お酉さま」発祥の鷲神社。このコースには、欠かせない人気参拝スポットです。

　旧吉原遊郭の歴史を秘めた吉原神社や、今戸神社の近くには作家・池波正太郎の作品にもしばしば登場する待乳山聖天があります。

　隅田川に架かる言問橋はスカイツリーの撮影スポットで、橋の東側の向島に三囲神社。ぐるりと周り、大提灯が下がる雷門をくぐって仲見世通りを進んだ先の浅草観音の浅草寺は、隣の浅草神社とは親子ともいえる深い関係ですから、セットでお参りすればご利益倍増も期待できます。

　さらに蔵前橋通り沿いにある鳥越神社の周辺は、戦災を免れた昔の下町の風情がそのまま残されています。そこから、JR総武線浅草橋駅へ向かう江戸通りは玩具、人形、文具などの問屋街で有名です。江戸の歴史を感じさせる下町の寄り道を楽しみましょう。

良縁・夫婦和合のご利益で知られる待乳山聖天

境内の南側に生家があった作家・池波正太郎は、待乳山聖天を「心のふるさと」と語ったそうで、入口の階段脇に生誕地の碑が立っています。

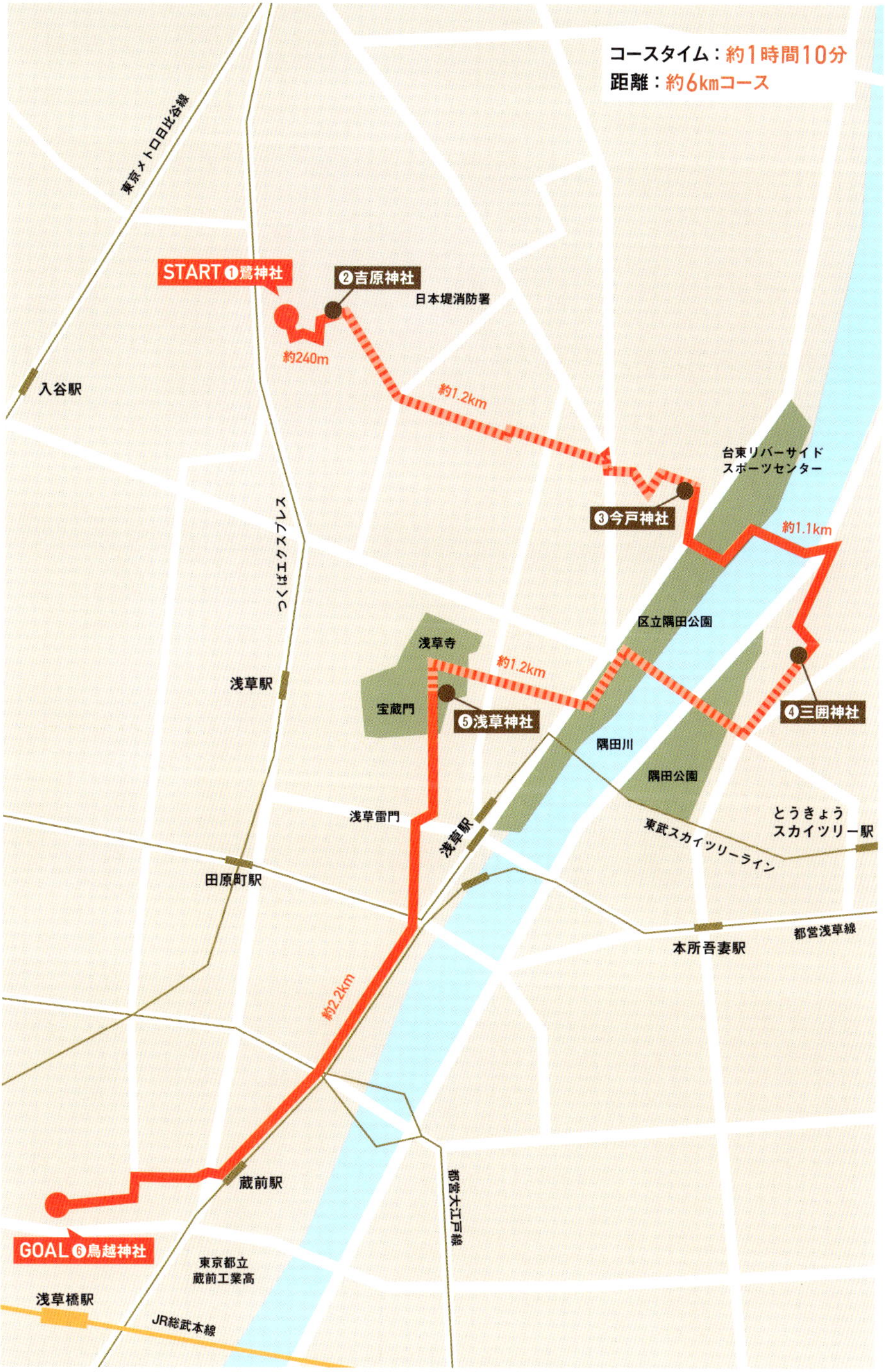
コースタイム：約1時間10分
距離：約6kmコース
START ❶鷲神社
❷吉原神社
日本堤消防署
約240m
約1.2km
台東リバーサイド
スポーツセンター
❸今戸神社
約1.1km
区立隅田公園
❹三囲神社
浅草寺
約1.2km
宝蔵門
❺浅草神社
隅田川
隅田公園
とうきょう
スカイツリー駅
東武スカイツリーライン
浅草雷門
浅草駅
浅草駅
田原町駅
本所吾妻駅
都営浅草線
約2.2km
蔵前駅
都営大江戸線
GOAL ❻鳥越神社
東京都立
蔵前工業高
浅草橋駅
JR総武本線
入谷駅
東京メトロ日比谷線
つくばエクスプレス

「三社さま」と親しまれる三社祭が開運パワーの源！

浅《あさ》草《くさ》神社

P13 MAP-⑤

「江戸の三大祭り」の1つとして、江戸時代から下町っ子の血を騒がせてきた三社祭（毎年五月中旬催行）は浅草神社の祭礼です。活気づく下町の発展を開運パワーで古くから支えたのが、この神社です。

通称「三社さま」と呼ばれますが、その由来は隣にある浅草寺の本尊秘仏の観音様（聖観世音菩薩）を海中から拾い上げて、尊い守り神として大事に祀った功労者の土師《はじの》真中知《まつち》と檜前《ひのくまの》浜成《はまなり》・竹成《たけなり》兄弟の3人（三社様）が祀られていることにあります。

創建の時期はよくわかっていませんが、平安時代末期から鎌倉初期の頃、浅草寺の開創者である真中知の子孫が、夢に出てきた観音様のお告げに従って3人の霊を祀ったのが創祀です。

御朱印

【ご祭神】
土師真中知命・
檜前浜成命・
檜前竹成命

【ご利益一覧】
心願成就・家内安全・商売繁盛・社運隆昌・無病息災・病気平癒・安産・合格祈願など

Information
東京都台東区浅草2-3-1
☎03-3844-1575
🚉東京メトロ銀座線ほか「浅草」駅
徒歩約7分

ペアの大きな招き猫が幸運を招き寄せる

今戸《いまど》神社

P13 MAP-❸

　「招き猫」の発祥の地、新選組隊士沖田総司終焉の地など、いろいろと話題性がある今戸神社ですが、開運を招くと評判の巨大な2体の招き猫にあやかり、さまざまな願い事を書いた招き猫の絵馬がまさに鈴なり状態。近年は縁結びにも霊験あらたかということで、境内は若い女性を中心に多くの参拝者でにぎわっています。

　今戸神社の創建は、康平6年（1063）、源頼義・義家親子が奥州討伐の際に、この地に京都の石清水八幡宮のご神霊を勧請し戦勝祈願したのが起源です。八幡様（応神天皇）はもともと武神ですが、のちに最初の夫婦神、結婚の神とされる伊弉諾尊《いざなぎのみこと》・伊弉冉尊《いざなみのみこと》が祀られたことから現在は幸運・良縁を招く神様として人気です。

御朱印

【ご祭神】
応神天皇・伊弉諾尊・伊弉冉尊

【ご利益一覧】
心願成就・縁結び・夫婦円満・安産・商売繁盛・受験合格・学業成就・身体健康祈願など

Information
東京都台東区今戸1-5-22
☎03-3872-2703
🚃東京メトロ銀座線ほか「浅草」駅徒歩約15分

三井グループの守護神が「強運」のパワーを発揮

三《み》囲《めぐり》神社

この三囲神社では、身につければ、諸難を除去して運を招く「強《ごう》運《うん》お守り」や「金銀富貴お守り」がいただけ、霊験あらたかと評判になっています。

別称「三井稲荷」とも呼ばれるように、当社は京都の豪商・三井家が江戸時代の中期ごろ、江戸に進出し、以来三井家（現在の三井グループ）の守護神として崇敬されています。

「みめぐり」という名前は、南北朝時代に社殿を再建した際に、白狐が神像の周りを3度めぐったという故事に由来すると言い伝えられています。また、境内には三越デパート池袋店にいたライオン像が参拝者を迎えています。

P13 MAP-④

【ご祭神】
宇迦之御魂命

【ご利益一覧】
開運招福・商売繁盛・家運隆盛など

Information
東京都墨田区向島2-5-17
☎03-3622-2672
東武スカイツリーライン「とうきょうスカイツリー」駅徒歩約8分

「おとりさま」の開運が宿る熊手お守り「かっこめ」

鷲《おおとり》神社

浅草の「おとりさま」と親しまれている鷲神社は、毎年、11月の酉の日に行われる「酉の市」で有名です。

ご祭神の天日鷲命《あめのひわしのみこと》は、天岩戸神話に登場し、「世界を明るくする吉兆を表した」というエピソードを持っている神様で、開運・商売繁昌の神として、古くから信じられています。

大変なにぎわいを見せる「酉の市」で授与される熊手お守り「かっこめ」は、そんなご祭神の開運パワーが宿っているとされています。ほかにも、「なでおかめ」は撫でる顔の場所によって、金運や恋愛成就など、さまざまなご利益が授かるとされています。

P13 MAP-①

【ご祭神】
天日鷲命・日本武尊

【ご利益一覧】
開運招福・商売繁昌・除災、ゴルフ上達など

Information
東京都台東区千束3-18-7
☎03-3876-1515
東京メトロ日比谷線「入谷」駅徒歩約7分

強力な神々から「鳥越の夜祭」でパワーを頂く

鳥《とり》越《こえ》神社

下町っ子の血を騒がせる例大祭の幻想的なクライマックスは、千貫神輿といわれ、大神輿が渡御する「鳥越の夜祭」として有名です。祀られているのは、いずれも強力な神様ばかり。開運パワーは十分の神社だといえます。

神社の起源は、日本《やまと》武尊《たける》が東征の途中でこの地に滞在し、のちに住民が尊の威徳を偲んで、「白鳥明神」として祀ったのが始まりといわれています。

相殿に祀られている天《あめの》児《こ》屋《や》根《ね》命《のみこと》は、藤原氏の祖神です。また、同じく祀られている徳川家康は、もともと蔵前の松平神社に祀られていたご神霊を、関東大震災の後に合祀したものです。

P13 MAP-❻

【ご祭神】
日本武尊・〔相殿〕天児屋根命・徳川家康

【ご利益一覧】
出世開運・厄除け・商売繁盛・安産・子育てなど

Information
東京都台東区鳥越2-4-1
☎03-3851-5033
JR総武線「浅草橋」駅徒歩約8分

女性の開運を旧吉原の華やかな遊女が応援！

吉《よし》原《わら》神社

江戸時代の明暦の大火（1657）の後から昭和33年まで、約300年の歴史を秘める旧吉原遊郭。その一隅に祀られているのが、吉原神社です。

街並みに昔の遊郭の名残はありませんが、ここはかつて華やかな江戸の流行の発信地でした。色っぽい遊女の面影が、たしかに息づいているように感じます。

現在の吉原神社は、遊郭の地主神である玄徳《よしとく》稲荷社と、廓内の四隅を守護をしていた、稲荷社の五社を合祀したもの。弁財天と同神の市《いち》杵《き》嶋《しま》姫命《ひめのみこと》も合祀されているので、特に女性の開運や悩みの解消には心強く、霊験あらたかとして評判です。

P13 MAP-❷

【ご祭神】
倉稲魂命
市杵嶋姫命（吉原弁財天）

【ご利益一覧】
開運・商売繁盛・技芸上達・女性守護など

Information
東京都台東区千束3-20-2
☎03-3872-5966
東京メトロ日比谷線「三ノ輪」駅または「入谷」駅徒歩約15分

まだまだ
あります

お近くの神社へどうぞ！開運・満願成就神社一覧

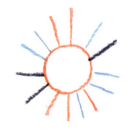

【千葉県】千葉神社

北極星の神様が強力な厄除・開運で運命を切り開く!!

素敵な星の神様が、運命を切り開く神社です。「妙見さま」という別名で地元の人々に親しまれている、ご祭神の北辰《ほくしん》妙《みょう》見尊《けんそん》星《じょう》王《おう》が、強力な開運パワーを発揮します。「北辰」とは、天の中央を定位置とする北極星であり、常に北の方角に輝く星のため、古代から旅人や航海をする人々の運命を握る大事な存在でした。うまくいかないときには運気アップ！

【ご祭神】
北辰妙見尊星王
(天之御中主大神)

【ご利益一覧】
厄除開運・八方除・安産・
初宮詣・七五三・十三詣・
受験合格・学業向上

Information
千葉県千葉市中央区院内
1-16-1
☎043-224-2211
🚃JR総武本線ほか
「千葉」駅徒歩約10分

【北区】王《お》子《じ》神社

長い歴史のお墨付き！開運・招福の願いを叶える！

平安時代から、300年余りこの地を支配し、江戸・東京の基礎を作ったとされる豪族・豊島氏を守護していた神様だけに、開運招福は歴史のお墨付きです。例大祭の「槍祭」で授与される「御槍」を授かれば、その年は「開運除災・満願成就」と評判です。紀州の熊野三社からご子神「王子大神」を勧請して祀ったことが「王子」の地名の由来とされています。

【ご祭神】
伊邪那岐命・
伊邪那美命など五柱

【ご利益一覧】
開運招福・厄除け・
運気上昇・
身体健全など

Information
東京都北区王子本町1-1-12
☎03-3907-7808
🚃JR京浜東北線ほか
「王子」駅徒歩約3分

【江東区】

富岡《とみおか》八幡宮《はちまんぐう》

「深川八幡祭り」で有名な江戸最大の八幡様が明日の運を開く！

江戸初期の創建以来、下町庶民に愛され続ける八幡様は、そもそも武神ですが、泰平の世に開運パワーを発揮して、大都市江戸の発展を見守り続けてきた「江戸最大の八幡様」。夏の風物詩として有名な「深川八幡祭り」は、「江戸三大祭」といわれる伝統があります。江戸時代には勧進相撲なども開かれ、境内には横綱、大関、力士の碑が立ちます。勝負運にも期待できそう。

【ご祭神】
応神天皇（誉田別尊）

【ご利益一覧】
開運・除災招福・
勝負運・
学力向上など

Information
東京都江東区富岡1-20-3
☎03-3642-1315
東京メトロ東西線ほか
「門前仲町」駅徒歩約3分

【大田区】

新田神社

破魔矢の元祖「矢守」の強烈なパワーで悪運を祓う!!

怨霊として恐れられた祭神が、運気を減退させる「邪気」を祓うパワーを発揮します。南北朝時代に南朝方の武将として活躍した新田《にった》義興《よしおき》は、寝返りにあって憤死し、その後、怪光を発して怨念を晴らしたと伝わります。その脅威のエネルギーが転じて、なんと開運パワーに！　授与している魔除けのお守り「矢守」は破魔矢の元祖といわれ、江戸の発明家・平賀源内が考案。

【ご祭神】
新田義興公

【ご利益一覧】
必勝開運・
厄除招福・
恋愛・合格成就など

Information
東京都大田区矢口1-21-23
☎03-3758-1397
東急多摩川線
「武蔵新田」駅徒歩約4分

【北区】

王子《おうじ》稲荷《いなり》神社

たくさんのキツネの石像や「狐穴」祠で「大開運」を祈願！

落語の「王子のキツネ」で知られる関東の関東総社は、古くから境内にたくさんのキツネが棲み、「神使」として大切にされました。そこから生まれたのが、毎年の大晦日に、関東のキツネが大集結して狐火を灯し、行列して初詣するという伝説。この狐火は、農民にとって翌年の豊凶を占う靈火であり、庶民には人生の邪悪苦難の闇を打ち破る大開運の火だったのです。

【ご祭神】
宇迦之御魂神

【ご利益一覧】
開運招福・火防・
商売繁盛・
五穀豊穣など

Information
東京都北区岸町1-12-26
☎03-3907-3032
ＪＲ京浜東北線ほか
「王子」駅徒歩約8分

【新宿区】
花園神社

大繁華街の
たくましい活気を守る
開運の神様

華やかなネオン瞬く新宿歌舞伎町の隣に鎮座しているだけに、たくましい繁華街の活気にも負けず、運気をアップさせ、開運を叶えてくれる心強い神社。徳川家康の江戸開府以前には、大和吉野山（奈良県）から勧請されたと伝えられ、以来、新宿の総鎮守として崇められてきました。毎年11月の酉の市には、商売繁盛の熊手を求めて多くの参拝客で大にぎわいです。

【ご祭神】
倉稲魂神・日本武尊・受持神

【ご利益一覧】
開運出世・財福招来・商売繁盛など

Information
東京都新宿区新宿5-17-3
☎03-3209-5265
東京メトロ丸ノ内線ほか「新宿三丁目」駅徒歩約3分

【西東京市】
東《ひがし》伏《ふし》見《み》稲《いな》荷《り》神社

豊かで楽しい
生活を導き
幸福の道を切り開く!!

お稲荷様といえば商売繁盛の守り神というイメージがありますが、実は、人々の生活を豊かに楽しく導くパワーは、日本の神様の中でもトップクラス。人生をきっと良い方向に切り開きます！　昭和4年（1929）、京都の伏見稲荷大社から神霊を勧請し、関東の守護神として創建された、東国唯一の分祀です。「東」とつけられ、「東伏見」の地名も当社に由来します。

【ご祭神】
宇迦御魂大神・佐田彦大神・大宮能売大神

【ご利益一覧】
開運厄除・商売繁盛・諸願成就・家内安全など

Information
東京都西東京市東伏見1-5-38
☎042-461-1125
西武新宿線「西武柳沢」駅・「東伏見」駅徒歩約7分

金運・財福のベストコース［渋谷・港］

金運に恵まれたいという人には、
冨と財運を引き寄せる、とっておきの神社へどうぞ。
仕事を成功させて金運をアップさせたい人から、
宝くじでの一攫千金を夢見る人まで、どんどん願いが叶い出します！

【ご利益アイコン説明】

金運・財福のベストコース

渋谷・港

年収アップから臨時収入、宝くじまでお任せ!

若者文化やビジネス街 変化に富んだ東京の表情が

ファッションと若者文化の渋谷区からビジネスの中心地・港区を歩く、変化に富んだ東京の雰囲気が味わえるコース。最初の目的地の代々木八幡宮は、小田急線代々木八幡駅から徒歩5分ほど近い場所に鎮座していて、代々木公園や明治神宮の最寄りの原宿駅や渋谷へも徒歩圏内ですが、時間短縮ならやはりバス利用がベストでしょう。JR渋谷駅の東側、地下の東

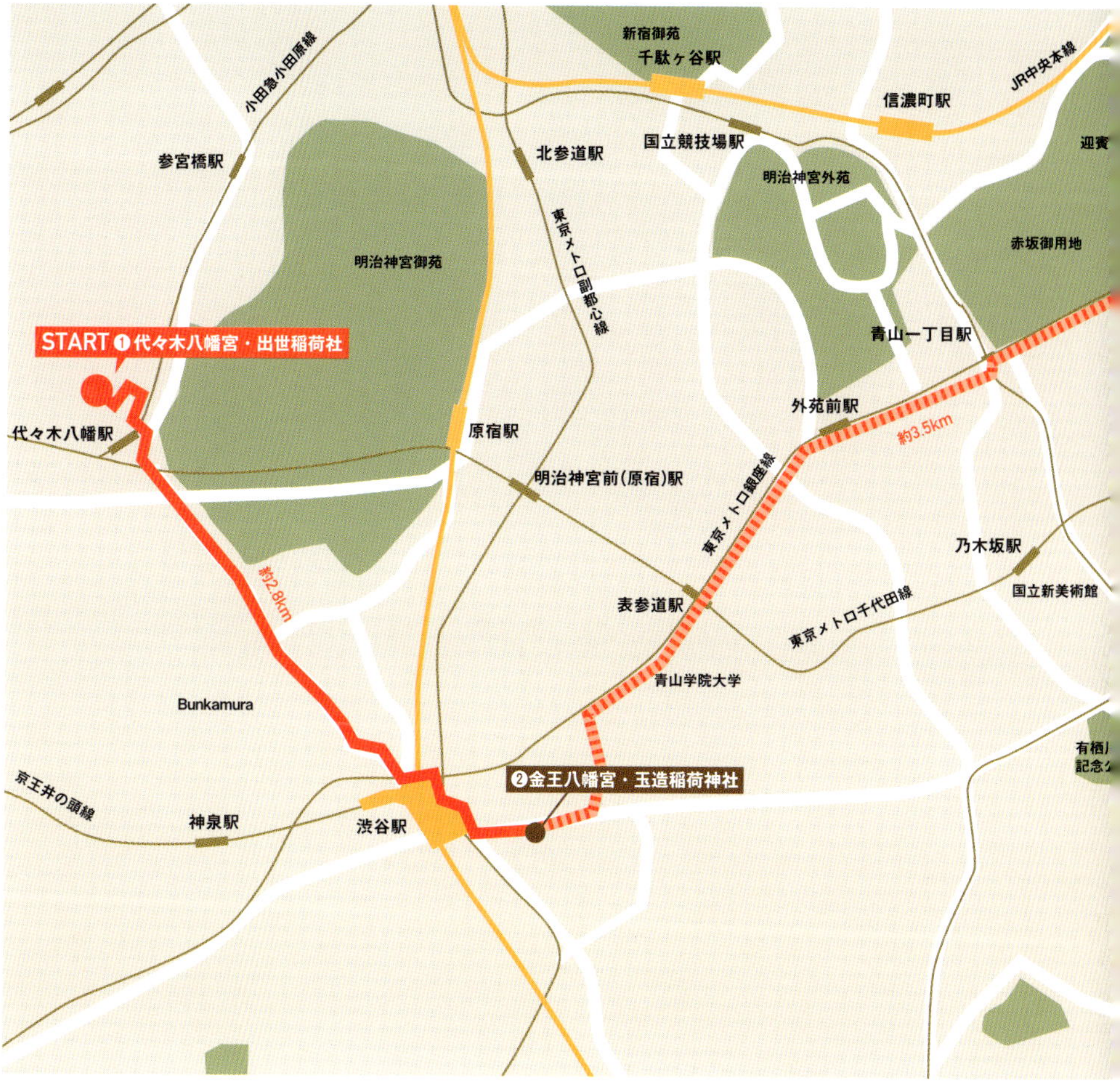

急渋谷駅の真上にファッションやグルメを楽しめる渋谷の新名所「渋谷ヒカリエ」から、明治通りを恵比寿方向に少し行くと、北側高台に静かに鎮座するのが金王八幡宮。地下鉄銀座線の赤坂見附駅よりほど近い豊川稲荷東京別院から、赤坂の繁華街一ツ木通りを進んだ先にはTBSを中心にしたエンタメ・スポットの「赤坂サカス」。十番稲荷神社へ向かえば、麻布十番の懐かしい下町の風情に出会えます。最後はビジネス街のど真ん中にある芝大神宮がゴールです。

福沢諭吉が眠る善福寺はハリス居住の米国公使館跡

1000年井所の歴史を秘める古刹の境内は、幕末から明治維新にかけてのアメリカ公使館跡で、福沢諭吉の墓や越路吹雪など有名人関係の碑が。

仕事の成功と出世なら効き目は都内随一と評判のここ！

代々木八幡宮・出《しゅつ》世《せ》稲《いな》荷《り》社《しゃ》

P23 MAP-❶

あくまでも都市伝説ですが、「芸能人が近所に住むと売れて出世する」といったうわさが広がり、芸能ファンや女性参拝者の姿が多い神社。そんなご利益にひかれて参拝に来る人たちのお目当てが、代々木八幡宮の境内の一角にある出世稲荷社です。都内でも随一の立身出世・仕事運・金運の神様として評判です。

仕事運も金運も祈願したら、緑豊かな鎮守の森にいやされましょう。標高32ｍの高台にあり、渋谷区では貴重な自然林の中に鎮座する代々木八幡宮は、建暦2年（1212）に鶴岡八幡宮から御分霊を勧請して創建され、厄除け開運・商売繁盛・縁結び・安産・子育てなどの霊験あらたかな神様として崇敬を集めてきました。

御朱印

【ご祭神】
出世稲荷大明神

【ご利益一覧】
立身出世・仕事運・金運・勝運・厄除開運など

Information
東京都渋谷区代々木5-1-1
☎03-3466-2012
小田急小田原線「代々木八幡」駅徒歩約5分

渋谷の発展を支えた金運・商売の神に願いをかける！

金《こん》王《のう》八《はち》幡《まん》宮《ぐう》・玉《たま》造《つくり》稲荷《いなり》神《じん》社《じゃ》

P23 MAP-❷

古くから金運・商売の神として人気の玉造稲荷神社が境内に祀られている金王八幡宮は、「渋谷発祥の地」といわれています。本殿の八幡様の勝運・出世パワーも、ぜひ一緒に授かりましょう。

中世の豪族・渋谷氏が、この地に居城を構え、一族の守護神として八幡神を祀ったことから地名も「渋谷」と呼ばれるようになり、現在まで渋谷の総鎮守として町の発展を見守り続けているのです。

江戸時代には、三代将軍家光の乳母・春日《かすがの》局《つぼね》が家光（幼名・武千代）の将軍就任を祈願し、成就の際に社殿と門を寄進したことが有名です。それにちなんで、出世の神の信仰が高まり、これに八幡神の勝運、さらに玉造稲荷の金運パワーが加わるわけです。

御朱印

【ご祭神】
応神天皇（金王八幡宮）／宇賀御魂命（玉造稲荷神社）

【ご利益一覧】
出世・子授けなど／金運・商売繁盛・五穀豊穣・諸産業守護

Information

東京都渋谷区渋谷3-5-12
☎03-3407-1811
JR山手線ほか「渋谷」駅徒歩約8分

財宝を生む尊天様が金銀財宝の融通を叶える！

融《ゆう》通《ずう》稲《いな》荷《り》・豊《とよ》川《かわ》稲荷《いなり》東《とう》京《きょう》別《べつ》院《いん》

P22 MAP-❸

財宝を生む尊天様は、金銀財宝の融通が叶うと伝わります。

豊川稲荷は茶《だ》枳《き》尼《に》眞《しん》天《てん》を祀る仏教系のお稲荷さんで、江戸の名奉行・大岡越前守忠相が守護神として、邸内に祀ったのが起源とされます。境内に大岡忠相の御廟《ごびょう》も祀られていて、仕事運アップにも◎。

「融通」とは「滞りなく通る」ことを意味し、お金でいえば「お金まわりがよくなる」ということです。「融通稲荷」は文字通り、金運アップの力を発揮する「融《ゆう》通《ずう》稲《いな》荷《り》尊《そん》天《てん》」を祀るお寺です。都内の金運アップでは外せないスポットなので、ぜひ神社巡りの道すがらお参りを。境内にはお稲荷さんの幟《のぼり》が林立し、願掛けの念が充満！

10円の融通金を自由に持ち帰り、願いが叶ったときに利子をつけて返納する

【ご祭神】
南無如意宝生尊天
（通称・融通稲荷尊天）

【ご利益一覧】
金運・商売繁盛・心願成就など

Information
東京都港区元赤坂1-4-7
☎03-3408-3414
🚃東京メトロ銀座線ほか「赤坂見附」駅徒歩約5分

豊穣の神が金運上昇！女性は「玉の輿」のご利益も

芝大神宮《しばだいじんぐう》

P22 MAP-5

芝神宮では天照《あまてらす》大《おお》御《み》神《かみ》、豊受《とようけ》大神《おおかみ》といった神々が祀られています。豊受大神は豊穣の守り神であり、商売繁盛の金運に関するご利益や、家内安全、開運厄除などを司ります。また、港区という立地から、周囲で働くサラリーマンからの信仰も厚く、白黒の「商い守（あきないまもり）」も人気です。

白は「白星・土つかず」、黒は「黒生地」転じて「黒字」を表し、仕事での金運上昇も期待できそうです。また、タンスにしまえば、「着物が増える」＝余裕で着物を買える「財力のある良縁に恵まれる」ということで、玉の輿に恵まれる「千木箱《ちぎばこ》」も女性に人気。男女ともに、豊かな金運を招く神社です。

【ご祭神】
天照大御神・豊受大神

【ご利益一覧】
縁結び・商売繁盛・開運・
厄除け・無病息災

Information
東京都港区芝大門1-12-7
☎03-3431-4802
都営大江戸線ほか「大門」駅
徒歩約1分

財布に入れて持ち歩けば使ったお金が早く「カエル」！

十番稲荷神社《じゅうばんいなりじんじゃ》

P22 MAP-4

麻布十番商店街の近くにあり、港七福神のなかでは「宝船」の巡拝所となっていることから、参拝者からは「宝船のおやしろ」として知られています。

広い境内ではありませんが、鳥居に向かって左側には七福神の宝船像、右側にはカエル像が鎮座しており、それだけで何やらめでたい感じがします。

昔、大火から武家屋敷を守ったという伝説に因んだ、「カエル」の石像とお守りも有名です。旅先から無事に「カエル」、財布に入れておけば、出て行ったお金が早く「カエル」など、いろいろな良いことが「カエル」と評判で、人気を集めています。

【ご祭神】
倉稲魂命・日本武尊
市杵島姫命・田心姫命・湍津姫命

【ご利益一覧】
開運招福・諸災難除け・
商売繁盛など

Information
東京都港区麻布十番1-4-6
☎03-3583-6250
都営大江戸線ほか「麻布十番」駅
徒歩約1分

まだまだあります

お近くの神社へどうぞ！ 金運・財福神社一覧

【豊島区】池《いけ》袋《ぶくろ》御《み》嶽《たけ》神社

日々の苦労を取り除き
福を呼び込む
「フクロウ」神社

鎮座している池袋の語呂が、鳥の「フクロウ」に通じることから、苦労を除き、福を呼び込む「不苦労・福籠」のご神縁があるといわれます。苦労解消・福を増す神様は、お金に関する悩みを解消する開運も守備範囲です。また主祭神の倭建命《やまとたけるのみこと》は、商売繁盛や、災難除けを中心に信仰を集めている神様。ご利益の由縁は、草薙剣《くさなぎのつるぎ》を振るって火難から逃れた神話にあります。

【ご祭神】
倭建命・神武天皇・武甕槌命・保食神

【ご利益一覧】
除災招福・商売繁盛・諸願成就・学業成就など

Information
東京都豊島区池袋3-51-2
☎03-3971-8462
JR山手線ほか「池袋」駅徒歩約13分

【文京区】太《おお》田《た》神《じん》社《じゃ》・高木神社 牛《うし》天《てん》神《じん》北《きた》野《の》神社境内社

貧乏神が転じて
福の神となり
金運パワーを発揮!!

本殿左横の太田神社のご祭神は、「福の神になった貧乏神」。江戸時代、黒闇天女《くらやみてんにょ》という貧乏神をお祀りしていましたが、貧乏だった旗本の窮状を救ったことにより、“貧乏神転じて福の神”と言われ、貧乏神を払い、福の神を招くと評判になりました。現代では、天鈿女命（芸能の神）と猿田彦命（道の神）の御夫婦もお祀りし、縁結びのご利益もあると言われています。

【ご祭神】
天鈿女命・猿田彦命・宇迦御魂命

【ご利益一覧】
金運向上・商売繁盛・芸能上達

Information
東京都文京区春日1-5-2
☎03-3812-1862
東京メトロ丸ノ内線ほか「後楽園」駅徒歩約10分

【中央区】
小《こ》網《あみ》神社

「銭洗い井」で
お金を清め
弁天様の財運パワーを

「強運厄除けの神社」のご利益で知られ、金運アップ、強運、厄除けが叶う、頼もしい神社。境内の「銭洗い井」でお金を清めると財運が授かるとされ、「東京銭洗弁天」とも呼ばれています。また、第二次世界大戦にお守りを持って出征した氏子全員が生還、東京大空襲の際にも社殿が戦災を免れた由緒から、霊験あらたかな神様と崇められるようになりました。

【ご祭神】
倉稲魂神・市杵島姫命(弁財天)・福禄寿

【ご利益一覧】
強運・厄払い・金運・商売繁盛

Information
東京都中央区日本橋小網町16-23
☎03-3668-1080
🚃東京メトロ日比谷線ほか「人形町」駅徒歩約5分

【品川区】
阿《あ》那《な》稲《いな》荷《り》神社・品《しな》川《がわ》神社境内社

「一粒萬倍の御神水」は
印鑑やお金に注げば
金運アップ!

品川神社の本殿の右奥には阿那稲荷神社の上社(天の恵みの霊)があって、さらに石段を下った所にあるのが、「一粒萬倍阿那稲荷神社」と、扁額《へんがく》が掛かる下社(地の恵みの霊)です。その境内にある、霊水・「一粒萬倍の御神水」には、印鑑やお金に注いだり、洗ったりすると、家門や商売繁栄、金運アップの霊験があらたかという評判があります。

【ご祭神】
宇賀之売命

【ご利益一覧】
商売繁盛・家内安全

Information
東京都品川区北品川3-7-15
☎03-3474-5575
🚃京急本線「新馬場」駅北口徒歩約1分

【神奈川県】
錢《ぜに》洗《あらい》弁《べん》天《てん》宇《う》賀《が》福《ふく》神社

霊水でお金を洗うと
福銭になって
何倍にも増えるという

境内の洞窟内に湧き出す清浄な「銭洗い水」でお金を洗うと福銭になり、使い果たすことがないという、独特の金運アップの霊験伝説。そこから財福のツキを求める善男善女の人気を集めてきたのが、鎌倉の通称「銭洗弁天」です。参拝の際に備え付けのざる笊にお金を入れ、銭洗水で洗って祈願すると、何倍にも増えるといい、しかも大事に早く使うとご利益も大きいそう。

【ご祭神】
市杵島姫命・宇賀神(弁財天)

【ご利益一覧】
金運・招福

Information
神奈川県鎌倉市佐助2-25-16
☎0467-25-1081
🚃JR横須賀線ほか「鎌倉」駅徒歩約20分

【中央区】

福《ふく》徳《とく》神社

一獲千金の神頼み！
宝くじのツキを
求める人に大人気！

江戸時代に富くじの発行を許された数少ない神社のひとつだったことから、一獲千金のツキを求めて神頼みする人には大人気の、宝くじ当選祈願の神社です。別名の「芽吹稲荷」は、二代将軍秀忠が参拝した際にクヌギ木で作った鳥居から若芽が生えているのを見てつけたもので、新たな企画の成功や企画の締結などを助ける「芽生え」のパワーで金運・仕事運アップも。

【ご祭神】
倉稲魂命

【ご利益一覧】
金運・仕事運・
勝負運・
宝くじ当選祈願

Information
東京都中央区日本橋室町
2-4-14
☎03-3276-3550
🚃東京メトロ銀座線
「三越前」駅徒歩約3分

【神奈川県】

江《えの》島《しま》神社

金運を招くなら
抜群の信頼度の
弁天様へ！

日本三大弁天の1つで、昔から福徳財宝の神様として崇敬を集めてきた江島弁財天。江戸時代には、金運財福を招く霊力が抜群に頼りになるといわれて大いに人気が盛り上がり、庶民の江島弁天詣でがにぎわいました。ご祭神の宗像三女神の1人で、中津宮に祀られている市杵島姫命は、弁財天と同神とされる美神。金運アップのご利益とともに女性の美の守り神として人気です。

【ご祭神】
多紀理比売命・市杵島比売命・
田寸津比売命・弁財天

【ご利益一覧】
金運財福・商売繁盛・
芸道上達・恋愛成就

Information
神奈川県藤沢市江の島2-3-8
☎0466-22-4020
🚃小田急江ノ島線
「片瀬江ノ島」駅
徒歩約17分

【文京区】

満《まん》足《ぞく》稲荷《いなり》神社

参拝すれば
その名の通り
金運も「満足」！

元は京都の伏見稲荷大社から、豊臣秀吉がこの地に勧請し、何かと幸運に恵まれて「満足満足」と言ったことが由来という、有難い背景の神社。参拝すれば、金運も「満足」するとの評判で、地元の人々からも厚く信仰されています。谷中銀座や、江戸川乱歩の「D坂の殺人事件」の舞台となった団子坂の近くに鎮座し、ぶらりと下町風情を楽しみながらお参りしたいものです。

【ご祭神】
倉稲魂命

【ご利益一覧】
商売繁盛・開運・
厄除け

Information
東京都文京区千駄木5-2-8
☎非公開
🚃東京メトロ千代田線
「千駄木」駅徒歩約5分

恋愛成就のベストコース❶［千代田・港］

あなたの恋愛運を絶好調にする、ベスト神社を集めました！
とにかく、良い出会いが欲しい人は縁結びがご利益の神社へ。
「結婚したい」という人は結婚運、
別れた意中の相手を振り向かせたい人は復縁のご利益がおすすめです。

【ご利益アイコン説明】

恋愛成就のベストコース①

千代田・港

良縁を叶える最強神社、集めました！

愛を見守る東京の神社にはこんなに古い歴史が!?

　東京の恋愛成就の神様の中では、現在、一番人気と評判の東京大神宮を中心に、平安時代の昔から男女の愛を見守ってきた、とっても古い歴史を秘めた芝大神宮まで、よい恋路を見つけるのに頼りになる神社を歩くコースです。

　最初に参拝するJR総武線飯田橋駅が最寄りの東京大神宮は、足を延ばして春には桜の名所となる靖国神社から千鳥ヶ淵への散策の起点になります。赤坂あたりは江戸城にゆかりの深い日枝神社や八代将軍吉宗の生家紀州家ゆかりの赤坂氷川神社があり、江戸の香りがただよいます。

　官庁街やアメリカ大使館にも近い虎ノ門から六本木方面へ進めたどれば、日本の代表的な縁結びの神を祀る出雲大社東京分祠があり、そこから通りを渡って徒歩5分ほどのところが六本木ヒルズです。

　歴史さんぽが好きなら、さらに足を延ばして、赤坂氷川神社と同じく、徳川家ゆかりの増上寺への寄り道もおすすめです。都心なので、参拝帰りに買い物を楽しむのもよいでしょう。

歴史好きなら徳川家ゆかりの菩提寺増上寺もおすすめ

徳川家康が大伽藍を造営し将軍家の菩提寺とした浄土宗大本山増上寺には、家康の念持仏の黒不動が祀られ、徳川将軍家墓所（有料）があります。

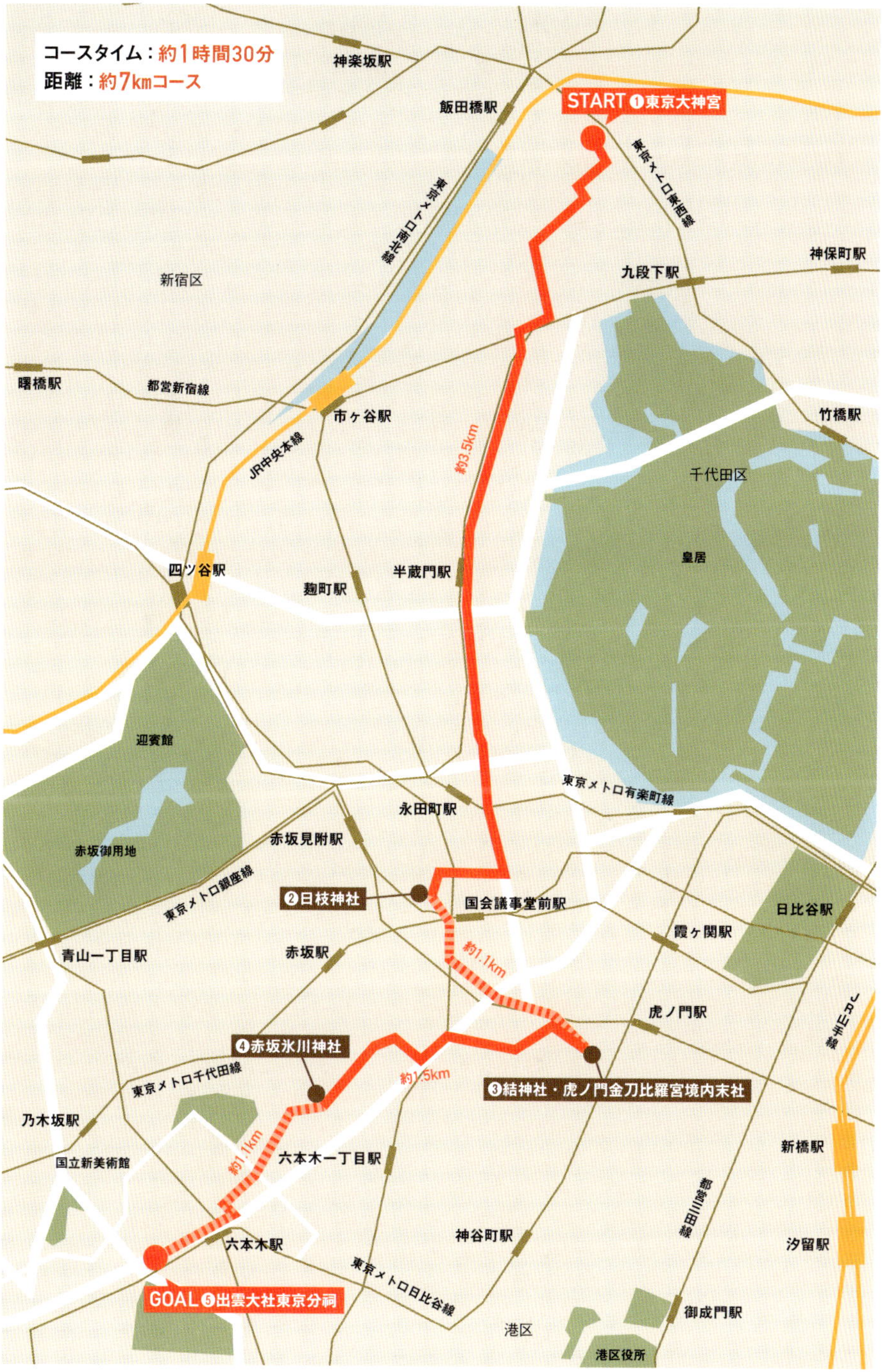

コースタイム：約1時間30分
距離：約7kmコース
START ①東京大神宮
神楽坂駅
飯田橋駅
東京メトロ東西線
東京メトロ南北線
新宿区
九段下駅
神保町駅
曙橋駅
都営新宿線
市ヶ谷駅
竹橋駅
JR中央本線
約3.5km
千代田区
皇居
四ツ谷駅
麹町駅
半蔵門駅
迎賓館
東京メトロ有楽町線
永田町駅
赤坂見附駅
赤坂御用地
東京メトロ銀座線
②日枝神社
国会議事堂前駅
日比谷駅
霞ヶ関駅
青山一丁目駅
赤坂駅
約1.1km
虎ノ門駅
JR山手線
④赤坂氷川神社
東京メトロ千代田線
約1.5km
③結神社・虎ノ門金刀比羅宮境内末社
乃木坂駅
約1.1km
新橋駅
国立新美術館
六本木一丁目駅
都営三田線
六本木駅
神谷町駅
汐留駅
東京メトロ日比谷線
GOAL ⑤出雲大社東京分祠
御成門駅
港区
港区役所

東《とう》京《きょう》大《だい》神《じん》宮《ぐう》

P33 MAP-①

神前結婚式創始の神社！鈴蘭のお守りは良縁祈願に◎

東京大神宮は、「東京のお伊勢さま」と親しまれ、縁結びの神社として、女性を中心にした若者に大人気です。

ご神徳は広大無辺で、家内安全や厄除開運など、さまざまなご利益があるとされていますが、もちろん縁結びパワーも最強レベル。良い出会いに恵まれれば、次の願いは「結婚がしたい！」となるわけですが、当社は、実は日本で最初の神前結婚式を行った神社でもあります。良縁祈願にふさわしいといえるでしょう。

「縁結び幸せ小槌」「恋愛成就守り」「幸せ結び御神矢」など、多数ある縁結びお守りのなかでも「縁結び鈴蘭守り」がかわいらしいと人気。「恋みくじ」もよく当たると評判です。

御朱印

【ご祭神】

天照皇大神・豊受大神・天之御中主神・高御産巣日神・神産巣日神・倭比賣命

【ご利益一覧】

縁結び・家内安全・商売繁盛・厄除開運・学業成就・心願成就など

Information

東京都千代田区富士見2-4-1
☎03-3262-3566
JR総武線ほか「飯田橋」駅徒歩約5分

恋の「邪魔が去る」「神猿」の縁結びパワーを授かる！

日《ひ》枝《え》神社

P33 MAP-❷

主祭神の大《おお》山《やま》咋《くいの》神《かみ》は、丹塗矢に化身して玉《たま》依《より》姫《ひめの》命《みこと》と結婚した神様として知られ、縁結び・結婚・子宝などに非常に縁の深い神様です。

神門や本殿の向《こう》拝《はい》下にある夫婦猿の像は、神使の神猿（まさる）です。古くから、猿は「魔が去る＝まさる」といわれてきました。そのことから、厄除け・魔除けのご利益があり、また多産なうえにお産が軽く、集団生活で子どもへの愛情が強いことから、安産・子育ての守護神とされてきたのです。

かつては江戸城の鎮護神、江戸郷の総氏神として、徳川家からも崇敬されていました。現在でも、人々からは「山王さん」という呼び名で親しまれ、縁結びや安産祈願のご利益で人気があります。

御朱印

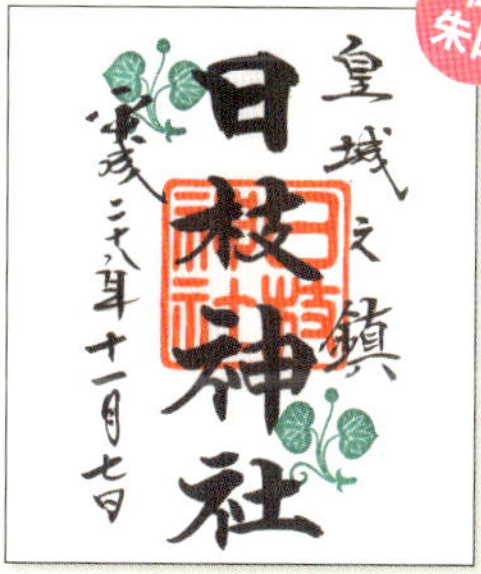

【ご祭神】
大山咋神・国常立神・伊弉冉神・足仲彦尊

【ご利益一覧】
厄除け・縁結び・夫婦円満・安産・子宝・商売繁盛・社運隆昌など

Information
東京都千代田区永田町2-10-5
☎03-3581-2471
🚃東京メトロ丸ノ内線ほか「赤坂見附」駅徒歩約5分

赤《あか》坂《さか》氷《ひ》川《かわ》神社

P33 MAP-④

毎月の縁結び・良縁祈願の神事「縁むすび参り」は必見！

　祀られている3柱の神様は、夫婦・親子関係です。主祭神である素戔嗚尊《すなのおのみこと》と、怪物・ヤマタノオロチを退治したとき、助け出された奇稲田姫《くしなだひめ》命をお祀りしています。その後、ふたりは結婚し、夫婦一緒にお祀りしているため、縁結びのご神徳ありとされています。さらに、その息子が大己貴命《おおなむちのみこと》。全国すべての縁を司るといわれ、この3柱をご祭神としているので、特に良縁のご神徳が強いとされます。

　毎月に一度、行われている「縁むすび参り」は、良縁祈願の厳かな神事。参加者には、素戔嗚尊が怪物退治の際、姫を「櫛」に変身させ、髪に挿して守ったという神話にから「四合《しあわせ》御櫛《みくし》」が授与されます。また、「藍（＝愛）の種」を入れたお守り袋がいただけます。

御朱印

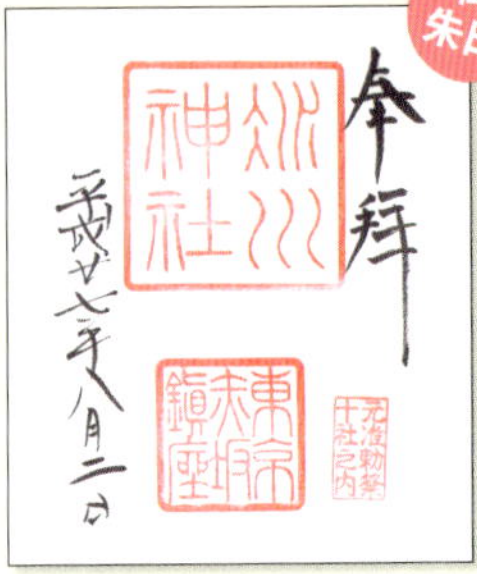

【ご祭神】
素戔嗚尊・奇稲田姫命・大己貴命（大国主命）

【ご利益一覧】
厄除け・良縁・縁結び・夫婦円満・子宝・家内安全・商売繁盛など

Information
東京都港区赤坂6-10-12
☎03-3583-1935
🚇東京メトロ千代田線「赤坂」駅
徒歩約8分

日本最強の縁結びパワーが東京の六本木で授かれる！

出雲《いずも》大社《たいしゃ》東京《とうきょう》分祠《ぶんし》

P33 MAP-❺

その名前の通り、縁結びの神社として有名な「出雲大社」のいわば東京支社です。都心にいながら参拝できるのも魅力です。

ご祭神である大国主大神《おおくにぬしのおおかみ》の「縁結び」の神徳は、本来が人間の生活に関わる、あらゆる縁をつかさどるというものです。

その縁結びパワーが、多くの妻を持ち、たくさんの子どもをもうけたという、「豊穣神」の性格と結びつきました。そのことから、良縁をはじめ、夫婦和合のご利益が発揮されています。

授与している「縁結守」は幸せになるご縁を招き、紅白の「縁むすび糸」は、衣服につければ良縁を招くとされています。

【ご祭神】
大国主大神

【ご利益一覧】
縁結び・家内安全・商売・繁盛・厄除開運

Information
東京都港区六本木7-18-5
☎03-3401-9301
🚉東京メトロ日比谷線ほか「六本木」駅徒歩約1分

いくつもの願いを叶えた女性限定の良縁祈願スポット

結《むすび》神社《じんじゃ》・虎ノ門《とらのもん》金刀比羅宮《ことひらぐう》境内末社

P33 MAP-❸

古くから、女性たちが自らの髪や折り紙を、社殿の格子や周りの木々に結びつけて良縁を願い、成就させたと伝わっています。結神社は、女性限定の良縁祈願スポットとしても有名なのです。

そうした伝統を受けて、祈願法なども、きちっと定められています。その方法は、まず授与所で「良縁祈願セット」（八〇〇円）を授与していただき、神前に向かいます。それから、赤い「良縁祈願ひも」を良縁に恵まれることを心から念じながら台に結びつけ、最後に神前で二礼二拍手一礼して、もう一度、良縁を祈願するというもの。祈願ひもに真心を託して、良縁を願ってみましょう！

【ご祭神】
結大神

【ご利益一覧】
縁結び・良縁祈願

Information
東京都港区虎ノ門1-2-7
☎03-3501-9355
🚉東京メトロ銀座線「虎ノ門」駅徒歩約1分

「恋愛成就」で有名な大《おお》国《くに》主《ぬしの》命《みこと》って、6人の妻と181人も子どもが居るって知っていた？

恋愛成就の神様は、モテモテの色男だった！

神話界きってのナンパ男は理想的なパワーの持ち主

大国主命を縁結びの神として人気者にした理由は、やはり神話に描かれている美男子で情熱的なモテ男というイメージです。女性関係がものすごく派手で、結婚した女性は、名前が出てくるだけで6人、作った子どもは実に181人。神話には詳しく書かれていませんが、子ども達の母親は、当然、妻以外の女性もたくさんいると考えられます。このようにいかにもナンパで軽い感じのの大国主命が、なぜ豊穣と恋愛成就の神様になったのでしょう？

その理由は、この神様が「豊かさ」と「子孫繁栄」を象徴しているから。大国主命はそもそも国土（大地）の霊で、食料を豊かに実らせる豊穣神。この「豊かさ」と共に、古来、人間が希求してきたのが子孫繁栄。そのための理想的なパワーを発揮する存在として、情熱的な艶福家、多淫・多産な愛の神といった強烈な個性の持ち主としてイメージされたのです。

恋愛成就のベストコース❷
［千代田・文京・四谷］

今週末は、情緒ただよう文京の下町を歩きながら、
のんびりと恋の悩みを解決する散策はいかがですか？
夫婦円満、縁切りなど、あなたの悩みにぴったりの神社が見つかるはず。
晴れて恋人ができたら、デートコースにも最適です。

【ご利益アイコン説明】

恋愛成就のベストコース2 千代田・文京・四谷

下町さんぽを楽しみながら恋を叶える！

下町の風情を楽しみながら「愛されたい!!」祈願を

スタートの根津神社は、下町風情が外国人観光客にも人気を呼んでいるいわゆる「谷根千《やねせん》（谷中・根津・千駄木）」散歩エリアの一角にありますから、古い街並みの商店街や静かな寺町の情緒、さらには徳川家の墓地などがある谷中霊園、谷中銀座、上野公園など魅力的な立ち寄りスポットがいっぱいです。どこか懐かしい下町の風景は、祈願が叶えばデートコースにも最適です。

根津神社から駒込方面へ歩くと、白山神社が東洋大学の隣にあります。湯島方面へ向かうと、下町の雰囲気が残っている町の片隅にたたずむのが妻恋神社です。神田神社もすぐ近く、蔵前橋通りの清水坂下交差点の先の高台に鎮座していて、そこから御茶ノ水駅方向の神田川に架かる聖橋の手前には孔子廟がある湯島聖堂。白山神社は白山通り沿い東洋大学の隣にあります。

このコースの最後の目的地は新宿区にある四谷於岩稲荷田宮神社ですが、近くの散策地としては新宿御苑や神宮外苑があります。

江戸時代から学問の中心地
孔子を祀る湯島聖堂

儒学振興のために五代将軍綱吉が創建した孔子廟で、その後幕府直轄の昌平坂学問所「昌平黌」が開かれ、明治維新後は近代学問教育の中心地に。

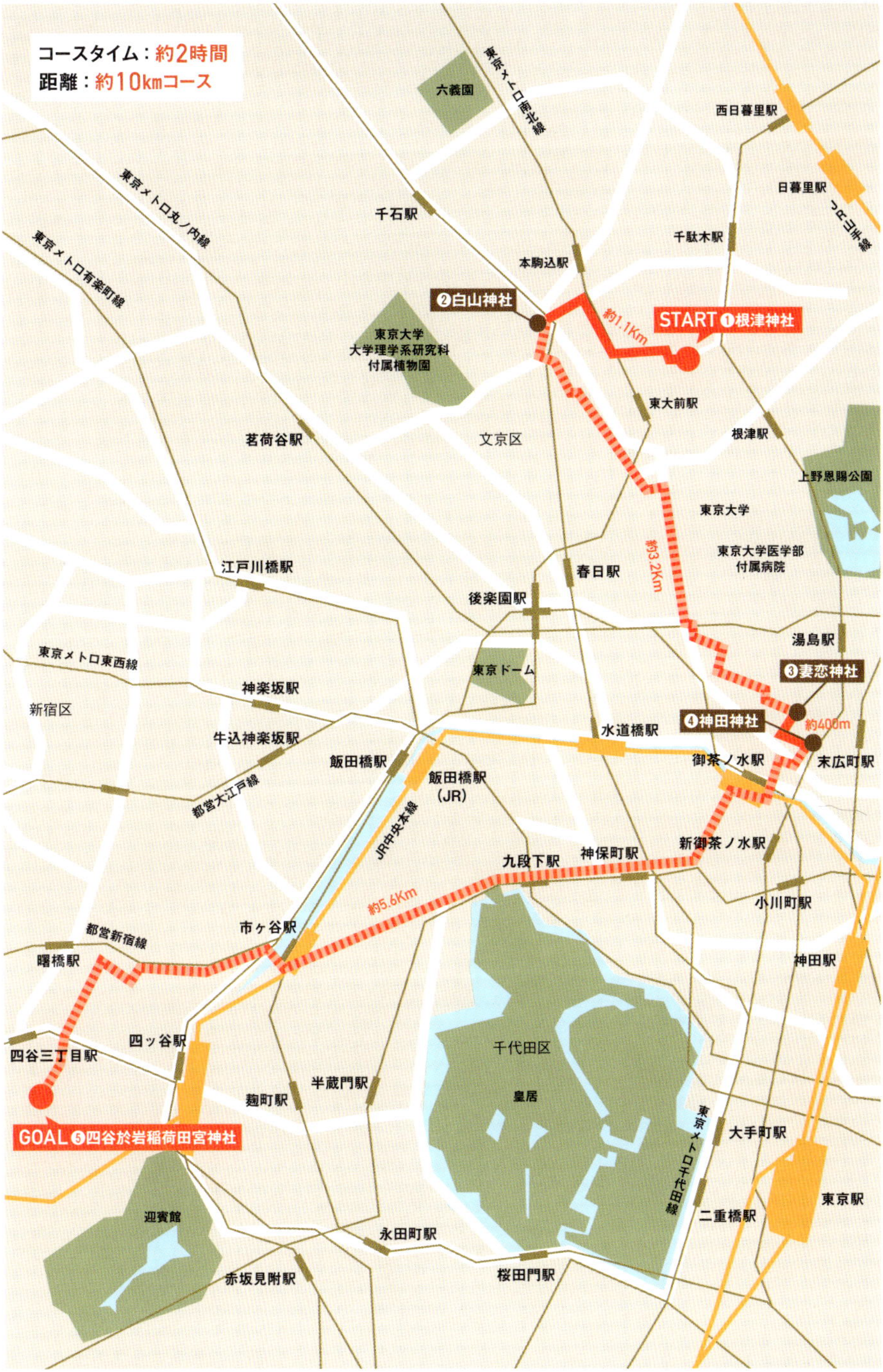
コースタイム：約2時間
距離：約10kmコース
東京メトロ南北線
六義園
西日暮里駅
日暮里駅
JR山手線
東京メトロ丸ノ内線
千石駅
千駄木駅
東京メトロ有楽町線
本駒込駅
❷白山神社
約1.1Km
START ❶根津神社
東京大学
大学理学系研究科
付属植物園
東大前駅
茗荷谷駅
文京区
根津駅
上野恩賜公園
東京大学
約3.2Km
東京大学医学部
付属病院
江戸川橋駅
春日駅
後楽園駅
湯島駅
東京メトロ東西線
東京ドーム
❸妻恋神社
神楽坂駅
新宿区
❹神田神社
約400m
水道橋駅
牛込神楽坂駅
飯田橋駅
御茶ノ水駅
末広町駅
飯田橋駅
(JR)
都営大江戸線
JR中央本線
新御茶ノ水駅
九段下駅
神保町駅
約5.6Km
小川町駅
都営新宿線
市ヶ谷駅
曙橋駅
神田駅
四ッ谷駅
四谷三丁目駅
千代田区
皇居
半蔵門駅
麹町駅
東京メトロ千代田線
大手町駅
GOAL ❺四谷於岩稲荷田宮神社
迎賓館
東京駅
二重橋駅
永田町駅
赤坂見附駅
桜田門駅

恋の成功勝利をもたらす実力第一の縁結びの神！

神田神社

P41 MAP-❹

御朱印

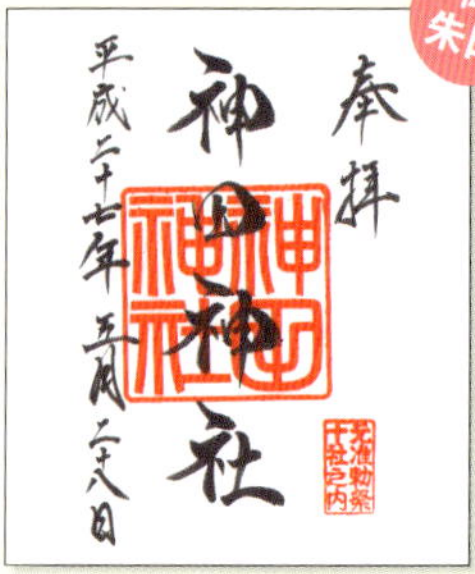

神田明神は、東京でも指折りの縁結び・良縁祈願スポットです。ご祭神はそれぞれに有力な3柱の神様で、ふだんは若い女性の姿も目立ち、祈願の対象は一の宮の祭神・だいこく様（大己貴命《おおなむちのみこと》）です。

この神様は、縁結び・夫婦和合の実力は、八百万の神々のなかでも随一。徳川家康が、関が原合戦の前に戦勝祈願して成就したように、神田明神は古くから成功・勝利をもたらすパワフルな神様ですから、そのパワーが恋愛成就を応援してくれます。

また、幅広いご神徳のうちでも商売繁盛・社運隆昌の神として人気です。初詣には、門前に背広姿のビジネスマンを中心に、2時間待ちの長い行列ができるほど。その光景は、今や正月の風物詩です。

【ご祭神】
大己貴命（大国主命）・少彦名命・平将門命

【ご利益一覧】
縁結び・夫婦和合・商売繁盛・社運隆昌・開運招福・除災厄除・成功勝利・合格祈願

Information
東京都千代田区外神田2-16-2
☎03-3254-0753
🚃JR中央線ほか
「御茶ノ水」駅徒歩約5分

江戸の風情残る社で良縁成就の運気アップを願う

根《ね》津《づ》神社

P41 MAP-❶

1900年前に日本《やまと》武尊《たける》が東征の折、この地に立ち寄り、創建したと伝わる古社です。権現造の社殿や唐門、楼門などの豪壮華麗さが江戸時代の風情を残し、時代劇のロケ地にもよく使われています。

ご祭神には、縁結びの神様として有名な須佐之男命《すさのおのみこと》と大己貴命《おおなむちのみこと》の2神が祀られ、良縁成就と縁結びの運気アップが期待できます。

拝殿前にあるご神木の「願掛けのカヤの木」は、神使の白蛇が棲み着いていて、「人々が願い事をすると叶った」と言い伝えられています。また、楼門をくぐった左手の千本鳥居を通り抜けた先に鎮座する「乙女稲荷神社」も、昔から女性の守り神とされ、良縁を求める人は必ずこちらにもお参りしています。

御朱印

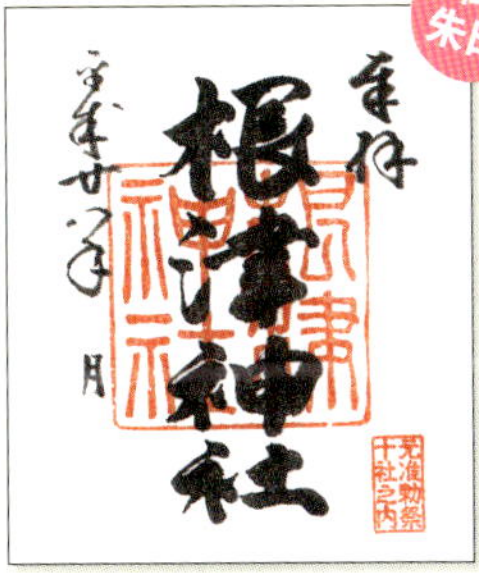

【ご祭神】
須佐之男命・大山咋命・誉田別命（応神天皇）・大国主命・菅原道真公

【ご利益一覧】
厄除開運・商売繁盛・縁結び・除災・学問上達・合格祈願

Information
東京都文京区根津1-28-9
☎03-3822-0753
🚃東京メトロ千代田線「根津」駅・「千駄木」駅徒歩約5分

男女の仲をうまくとりもち赤い糸を強い絆に結ぶ女神！

白山神社

P41 MAP-❷

主祭神の菊理媛神《くくりひめのかみ》の名前の「ククリ」は「括《くく》り」に通じることから、離れた心を引き戻す「結びの神」とされています。つまり、願うことを正しく、よりよい方法で導くとされ、特に愛の危機などにはとても頼りになります。例えば、恋人と喧嘩して乱れた心の糸を解きほぐし、よりを戻して和合させるという具合です。

一緒に祀られる伊弉諾尊《いざなぎのみこと》・伊《い》弉冉尊《ざなみのみこと》は、最初の夫婦神、結婚の神とされる、幸せな結婚と夫婦円満の良縁を叶えてくれる神様。どちらも女神ということで女性の守り神としても信頼度抜群です。

通称「白山さま」は「白山御殿」とも呼ばれ、二代秀忠や五代綱吉奈将軍家にゆかりが深く、崇敬したことが知られています。

梅雨の風物詩「あじさい祭り」は約3000株のあじさいが咲き、デートにも最適

【ご祭神】

菊理媛神・伊弉諾尊・伊弉冉尊

Information

東京都文京区白山5-31-26

☎非公開

🚉都営三田線「白山」駅徒歩約3分

身も心も捧げる純愛の女神が二人の愛をつないでくれる！

妻《つま》恋《こい》神社

「妻恋」というロマンチックな社名は、日本武尊《やまとたける》が遠征の帰途に妻を恋しがって嘆いたという伝説に由来します。

由来は、その昔、日本武尊が東征の折に、この地に稲荷神（倉稲魂命）を祀ったのが起源といわれています。のちに、妻の弟《おと》橘《たちばな》媛命《ひめのみこと》の霊も祀られました。愛する夫が、三浦半島から房総半島に渡る際に、大荒れの海に遭難しそうになったとき、海に身を投げて海神の怒りを鎮めて命を救ったというけなげな姿から、「純愛の神」ともいわれます。そんな、妻が愛する夫と一緒に祀られていることから、良縁成就・夫婦和合の神と崇められるようになりました。

P41 MAP-❸

【ご祭神】
倉稲魂命・日本武尊・弟橘媛命

【ご利益一覧】
縁結び・恋愛成就・夫婦円満・仕事運・開運招福

Information
東京都文京区湯島 3-2-6
☎非公開
🚉東京メトロ千代田線「湯島」駅徒歩約8分

四谷怪談「お岩さん」は実は夫婦円満の鏡！

四谷於《お》岩《いわ》稲《いな》荷《り》田《た》宮《みや》神社

「東海道四谷怪談」の主人公・お岩さんは、夫に裏切られて毒を盛られて殺された恨みを晴らす「祟る女」の恐ろしいイメージが定着していますが、これは「田宮 岩」没後、二百年ほど経た頃に上演された歌舞伎のお岩のイメージで、あくまでも鶴屋南北の創作にすぎません。実在のお岩さんは全く違って、大変な働き者で夫婦円満、武士の妻の鑑のような美しい女性でした。貧しいご家人の家を盛り立てた彼女が屋敷の稲荷社を熱く信仰したことから、のちに富と幸福を招き寄せた福神として、お岩の霊が合祀されたのが神社の起源。縁結びや厄払いなどのご利益を求めて、全国から参拝に訪れています。

P41 MAP-❺

【ご祭神】
豊受比売命（豊受大神＝稲荷神）・田宮於岩命

【ご利益一覧】
良縁・家内円満・開運・無事安全・商売繁盛・厄除けなど

Information
東京都新宿区左門町17
☎非公開
🚉東京メトロ丸ノ内線「四谷三丁目」駅徒歩約5分

まだまだ
あります

お近くの神社へどうぞ！恋愛成就神社一覧

【杉並区】大《おお》宮《みや》八《はち》幡《まん》宮《ぐう》

家族の神様の固いきずなが恋愛成就に効く！

親子3柱のご祭神の固い絆から縁結び・安産・子育ての信仰があります。ご神木「共生《ともいき》の木」は、カヤの木に犬桜が共生している様子から、夫婦和合の霊験あらたかと信じられています。境内で「小さいおじさんの妖精」に出会うと幸運を招くという都市伝説がささやかれているのも、恋愛成就や幸せな人生が叶う運気アップのパワーが強いからです。

【ご祭神】
応神天皇・仲哀天皇・神功皇后

【ご利益一覧】
厄除け・開運・縁結び・安産・子育て

Information
東京都杉並区大宮2-3-1
☎03-3311-0105
🚃京王井の頭線「西永福」駅徒歩約7分

【台東区】久《く》米《め》平《へい》内《ない》堂

「踏みつけ」が「文付け（恋文）」に転じ縁結びの神に！

ご祭神の剣術家・久米平内《くめへいない》は、一説に剣術の名人で罪人の首斬り役を務め、数に千人及んだといいます。臨終の間際に、生涯の罪障消滅《ざいしょうしょうめつ》を願って自分の石像を彫り、浅草寺仁王門前に置いて、なるべく多くの人々に踏みつけてほしいと遺言。のちに「踏み付け」が「文付け（恋文）」に転じ、浅草寺境内に平内の石像を祀る祠が建てられて、縁結びの神として人気を集めました。

【ご祭神】
久米平内

【ご利益一覧】
縁結び

Information
東京都台東区浅草2-3-1
☎03-3842-0181（浅草寺）
🚃東京メトロ銀座線ほか「浅草」駅徒歩約5分

【足立区】千住神社

もともと二社が合祀されたことから婚姻を応援！

「千歳」先まで「寿」を得るというめでたい語呂合わせもあり、縁結び・結婚運アップのご利益が評判の創建1100年の古社。もともとこの地にあった二社が一つになったことから、男女の良縁や婚姻にまつわる霊験が信じられています。また、本殿前の狛犬（江戸末期作）は子を抱えている非常に珍しい姿であり、ここからも家内安全、子宝と、この神社のご神徳が伺えます。

【ご祭神】
宇迦之御魂神（稲荷神）・須佐之男命

【ご利益一覧】
縁結び・商売繁盛・厄除け・開運・勝運・家内安全・子宝

Information
東京都足立区千住宮元町24-1
☎03-3881-1768
🚃JR常磐線ほか「北千住」駅徒歩約15分

【中央区】高尾《たかお》稲荷《いなり》神社

女性の恋の悩みを解消してくれる「美人神社」！

当社は江戸の遊里・吉原で人気ナンバーワンの遊女だった高尾太夫（２代目）の霊を祀ったのが起源です。容姿端麗で和歌・俳諧・書や諸芸に通じ、才女の誉れも高かったと伝わります。特に、その美貌伝説から最近は「美人神社」とも呼ばれます。

もともとはご神体の頭蓋骨にちなんで、頭にまつわる病の平癒祈願の神様でしたが、最近は縁結びスポットとして人気です。

【ご祭神】
高尾大明神（高尾太夫）

【ご利益一覧】
縁結び・薄髪・頭痛・心の病気平癒

Information
東京都中央区日本橋箱崎町10-7
☎非公開
🚃東京メトロ半蔵門線「水天宮前」駅徒歩約9分

【神奈川県】箱根神社

恋愛成就を実践した神様だから信頼度は抜群！

ご祭神の箱根大神は、瓊瓊杵《ににぎの》尊《みこと》・木花咲耶姫命《このはなやくやひめのみこと》、彦火火出《ひこほほで》見尊《みのみこと》の親子ご３神の総称です。ご両親は出会ってめでたく結婚し、『海幸山幸神話』の主人公の山幸彦として知られるご子神・彦火火出見尊も海神の娘・豊玉比売命《とよたまひめのみこと》と結婚するという、まさに恋愛成就を実践されている神様です。源頼朝・北条氏・徳川家康など、武家からも篤く崇敬されました。

【ご祭神】
瓊瓊杵尊・木花咲耶姫命・彦火火出見尊

【ご利益一覧】
縁結び・開運厄除・心願成就・勝運守護・交通安全・安産・商売繁盛

Information
神奈川県足柄下郡箱根町元箱根80-1
☎0460-83-7123
🚃小田急線「箱根湯本」駅より伊豆箱根バス「元箱根」徒歩約10分

【千葉県】

愛染神社

縁結びには
絶大な効果あり！
人呼んで「縁結び大社」

通称はずばり「縁結び大社」ということで、千葉県はもちろん関東近郊から良縁成就・恋愛成就・結婚成就のご利益を求めて参拝者が集まっています。主祭神の愛染明王神は、右手に矢、左手に弓を持つ赤色憤怒の相の見かけは恐ろしい姿ですが、人に幸せを守るやさしい神様。境内に祀られる、ご利益ある縁結びの神々を巡る“恋の願かけ巡り”をすれば運気が倍増します。

【ご祭神】
愛染明王神

【ご利益一覧】
良縁・悪縁切り・恋愛成就・夫婦・家庭円満

Information
千葉県東金市山田1210
妙泉寺内
☎0475-55-8588
JR総武本線「千葉」駅よりバス「曲の手」徒歩約3分

【千葉県】

玉《たま》前《さき》神社

海神の娘が
良縁や安産の
願いを叶えてくれる！

ご祭神の玉依姫命《たまよりひめのみこと》は、海神の娘で豊玉姫命《とよためひめのみこと》の妹です。そのご神徳は人の精神に関わること、特に縁結び・子授け・出産・子育て・月のものなど、女性の心身の神秘的な働きをつかさどる神とされています。そこから良縁や安産祈願と併せて、心身を癒し元気づけるパワースポットとして人気を集めています。パワーが授かるという境内のご神水を飲めば運気がアップします。

【ご祭神】
玉依姫命

【ご利益一覧】
縁結び・安産・子授け・開運・商売繁盛

Information
千葉県長生郡一宮町一宮3048
☎0475-42-2711
JR外房線「上総一ノ宮」駅徒歩約7分

【埼玉県】

川越氷川神社

持ち帰ると
良縁に恵まれる
「縁結び玉」が人気！

ご祭神は、縁結びパワーではトップクラスの実力を誇る神様、家庭円満と子どもへの愛情をつかさどる神様です。持ち帰ると良縁に恵まれるという言い伝えがある境内の小石を、神職がお祓いして奉製した縁起物の「縁結び玉」が大人気。毎月2回、8日と第4土曜日の8時8分に合わせて行っている良縁祈願祭には、東北や沖縄などの遠方からも参列するそうです。

【ご祭神】
素盞嗚尊・奇稲田姫命・大己貴命ほかに2柱

【ご利益一覧】
縁結び・安産・子授け・開運・商売繁昌など

Information
埼玉県川越市宮下町2-11-3
☎049-224-0589
JR川越線ほか「川越」駅より東武バス「喜多町」徒歩約5分

【狛江市】

伊《い》豆《ず》美《み》神社

心を癒してくれる
憩いの森の
縁結び神社

昔から、みんなの心のよりどころの縁結び神社として親しまれています。主祭神の大国主命《おおくにぬしのみこと》は、出雲大社に祀られている縁結びの神として、恋愛成就の祈願に対して大いにパワーを発揮してくれます。関東で最も古い石造りの鳥居が建つ、参道の右手にあるご神木「縁結びのナダの木」は、平安を守る魔除けのお守りとされて成長・厄除けとして大事にされています。

【ご祭神】
大国主命・小野大神・小河大神・永川大神ほか

【ご利益一覧】
縁結び・商売繁盛・病気平癒

Information
東京都狛江市中和泉3-21-8
☎03-3489-8105
🚃小田急小田原線「狛江」駅徒歩約10分

【神奈川県】

葛《くず》原《はら》岡《おか》神社

七福神の一員・
大黒様のパワーが宿る
縁結びの石

ご祭神の日野俊基卿《ひのとしもときょう》は、鎌倉幕府倒幕に活躍した後醍醐天皇の忠臣で、開運の神、学問の神として信仰されています。最近、「鎌倉の縁結び神社」として人気を集めている理由は、境内に祀られている大黒様のパワーです。七福神の一員で、財福の神様ですが、縁結びや子宝の守り神としても知られます。そのパワーが宿る男石と女石の2つの「縁結び石」が祈願スポットです。

【ご祭神】
日野俊基卿・大黒様

【ご利益一覧】
縁結び・恋愛成就

Information
神奈川県鎌倉市梶原5-9-1
☎0467-45-9002
🚃JR横須賀線ほか「鎌倉」駅「銭洗弁財天ルート」徒歩約35分

COLUMN ❷

たまに、実在の人物が神社に祀られているのってどういうこと？

動物や実在の人物が祀られることも

死後の人物だけじゃなく自然や道具も神になれる

日本の神様を大別すれば、①神話の神、②人神、③神仏習合《しんぶつしゅうごう》の神に分けられます。さらに神話の神のタイプは、万物創造の神（有名な伊邪那岐命《いざなぎのみこと》・伊邪那美命《いざなみのみこと》など）、自然神（太陽神の天照大神《あまてらすおおかみ》に代表される自然・気象など）、文化神（火の神の迦具土神《かぐつちのかみ》など）に分けられます。

人神は、菅原道真《すがわらのみちざね》（天神様）、徳川家康、豊臣秀吉など、生前の有名人が、後に祀られたもの。

神仏習合《しんぶつしゅうごう》の神は、仏教の伝来がきっかけで、仏教と神道の信仰がいわば合体した神様です。日本神話の神だった、市杵島姫命《いちきしまひめのみこと》がインドの神・弁才天と合体した、七福神の弁天様などはその代表例です。

さらに、その弁天様が一員の七福神は、神道・仏教・道教の合体したグループ。こうした基本的な性格とは別に、日本の神さまは、信仰されるうち、その神徳が特定の能力に特化されたりします。例えば鉱山の神→鍛冶の神→包丁の神と変化した、金山彦命《かなやまひこのかみ》などはその一例です。

万物創造の神

天照大神や須佐之男命（伊勢神宮）など

自然の神さま

天象地象や動物・植物を対象とする神

元人間

徳川家康（日光東照宮）や菅原道真（太宰府天満宮）など

特定能力、機能の神

特定の職能を守護する神で金山彦神（南宮大社）など。

その他の神

七福神のように、インドなど外来神と習合《しゅうごう》したものも

出世・勝ち運のベストコース

［港・新宿］

出世・勝ち運のベストコース
仕事を成功させて目標を達成したい！
ライバルと差を付けたい！　という人には、
成功する人が御用達の、あなたに必勝の運を授ける神社にお参りを。
勝ち運のご利益は、ここぞという勝負ごとやスポーツにもうってつけです。

【ご利益アイコン説明】

出世・勝ち運のベストコース

仕事の成功を後押しする勝ち運の神々！

港・新宿

「出世の階段」を登って勝運アップをめざそう！

このコースは、歌川広重の浮世絵「名所江戸百景」にも描かれた由緒ある場所からスタートして、アジア一の繁華街・歌舞伎町で知られる新宿へとたどります。東京メトロ日比谷線神谷町駅から歩いてすぐ、愛宕神社が鎮座する東京二十三区最高峰の愛宕山（海抜26ｍ）は、江戸時代には見晴らしの名所で、当時は眼下に東京湾、その向こうに房総半島の眺望が広

がっていたそう。また愛宕山は日本のラジオ放送発祥の地としても知られ、今はＮＨＫ放送博物館がありますから立ち寄ってみるのもおすすめです。乃木神社の近くにはサントリー美術館がある六本木の東京ミッドタウン、国立新美術館などがあり、なんとなくアートな雰囲気が漂っています。芸能浅間神社は歌舞伎町に隣接した飲み屋街ゴールデン街の隣にある花園神社の境内にあり、皆中稲荷神社は超高層ビルが建ち並ぶ西新宿の新都心の近くです。

「乃木神社」の隣には
名将・乃木希典の終の棲家も

乃木神社の隣には主祭神である乃木希典《のぎまれすけ》の家も。緑豊かな公園にたたずむレトロな煉瓦造りの家を眺め、ちょっと休憩するのも◎。

馬で駆け上がった武士は「出世の石段」で一躍有名人に！

愛宕《あたご》神社

P52 MAP-❶

神社正面の急な86段の石段（男坂）は、江戸時代に講談の題材となって人気を博した「出世の石段」として有名です。当社は慶長8年（1603）、徳川家康の命で創建され江戸の防火の神、幕府守護・江戸城鎮護の神として祀られ、江戸・東京の発展を見守ってきました。ある時、三代家光が山上に咲き誇る梅を気に入って「梅を採って参れ！」と命じたとき、間垣《まがき》平《へい》九郎《くろう》という武士が、石段を馬で一気に駆け上がって梅の枝をとってきて献上し、一躍「日本一の馬術の名人」として全国的な有名人になったというもの。それ以来、男坂は「出世の石段」と呼ばれ、今日も多くの人々が火の神（火産霊命）のパワフルな加護を求めて出世を祈願しています。

御朱印

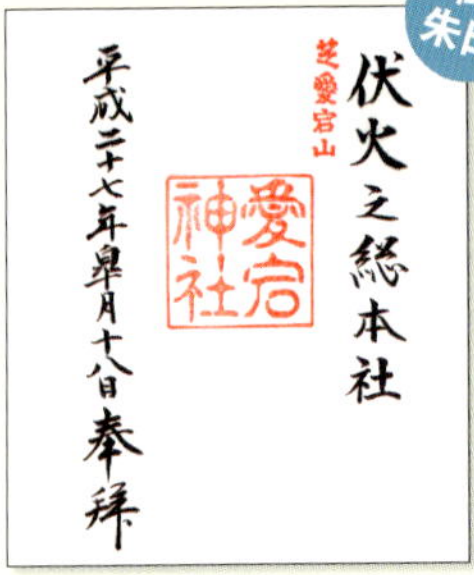

【ご祭神】
火産霊命・罔象女命・大山祇命・日本武尊・将軍地蔵尊・普賢大菩薩

【ご利益一覧】
火難（防火・防災）・商売繁盛・印刷・コンピュータ関係守護・恋愛・結婚・縁結び

Information
東京都港区愛宕1-5-3
☎03-3431-0327
🚉東京メトロ日比谷線「神谷町」駅徒歩約5分

鉄炮を百発百中させた霊威が仕事や勝負のツキを招く！

皆《かい》中《ちゅう》稲《いな》荷《り》神社

P53 MAP-5

江戸時代には「鉄炮組百人隊」の守り神とされ、百発百中の射撃技術向上の霊験あらたかとされた神社です。今では、仕事や勝負事、宝くじや受験などのツキを「当てる（招く）」出世・勝運の神として人気です。

社伝によると、なかなか射撃の腕が上がらなかった鉄炮組「与力」の夢に稲荷大明神が現れて霊符を示し、翌朝、この神社に参拝したところ、不思議なことに百発百中の命中率でした。他の隊士たちも神社の霊符を受けて「皆当たった」という霊験がたちまち広まり、多くの人がご利益を求めて集まるようになったといいます。

社殿の前に立っている鳥居には鉄炮「同心」より寄進の銘があり、神社の歴史と由緒を感じさせます。

御朱印

【ご祭神】
倉稲之魂之大神・伊邪那岐之大神・伊邪那美之大神・諏訪大神・日本武命

【ご利益一覧】
出世開運・勝運・金運・商売繁盛・厄除け・受験必勝

Information
東京都新宿区百人町1-11-16
☎03-3361-4398
JR山手線「新大久保」駅徒歩約1分

困難に打ち勝った武人の威徳にあやかる!

乃《の》木《ぎ》神社

P53 MAP-❷

六本木からも近く、勝運と夫婦和合のご利益で、多くの参拝者が訪れている神社です。実はこの神社、「国民的な熱意」によって創建されました。

祀られているのは、明治の近代国家建設の激動の時代に日清・日露戦争に陸軍軍人として活躍した乃木《のぎ》希典《まれすけ》大将と静子夫人です。明治天皇御大葬の当日、現社地の隣にあった自邸で夫人とともに殉死し、その姿に感銘をうけた人々によって、すぐに神社の創建を要望する声が高まったのです。詩歌に通じ、学習院長として昭和天皇をはじめ多くの若者を指導した文化人・教育者でもあります。夫人との堅い愛の絆とともに、その実績が神格化され、多くの人々に崇敬されています。

御朱印

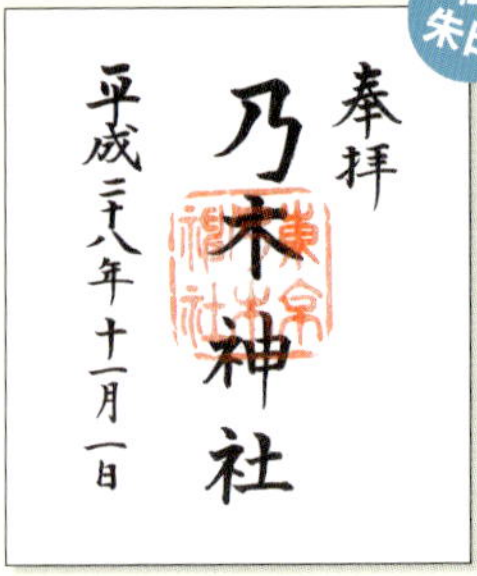

【ご祭神】
乃木希典命・乃木静子命

【ご利益一覧】
勝運・夫婦和合・縁結び・安産・厄除け・合格祈願

Information
東京都港区赤坂8-11-27
☎03-3478-3001
🚃東京メトロ千代田線「乃木坂」駅徒歩約1分

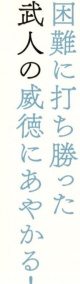

スピード出世の大岡越前守にあやかって芸能人にも大人気!

豊《とよ》川《かわ》稲《いな》荷《り》東《とう》京《きょう》別《べつ》院《いん》

P53 MAP-❸

時代劇でもおなじみの「名奉行」といわれ、「大岡裁き」の伝説が伝わる大岡越前守忠相の守護神を祀るお寺です。当時として異例のスピード出世にあやかって、出世祈願では東京でもトップクラスの人気なので、仕事運ならぜひ神社巡りの途中で足を延ばしてみて。彼は40歳の若さで南町奉行となり、当時としては前例のないスピード出世を果たしました。三河国西大平藩一万石の大名となった忠相が、邸内に三河の豊川稲荷を勧請し、守護神として祀ったのが起源といわれます。境内には、芸能人が奉納した提灯がずらりと並び、その光景を見に来る参拝客も多く、名物になっています。

【ご祭神】
豊川荼枳尼眞天(稲荷神)

【ご利益一覧】
出世・金運・仕事運・縁結び・恋愛・結婚

Information
東京都港区元赤坂1-4-7
☎03-3408-3414
🚃東京メトロ銀座線ほか「赤坂見附」駅徒歩約5分

芸能上達のプロ達がとても頼りにしている神様!

花園神社・芸《げい》能《のう》浅《せん》間《げん》神社

P53 MAP-❹

繁華街・新宿の総鎮守であり、歌舞伎町を守護しているせいか、どこか華やかな空気感がある花園神社の境内にあります。

花園神社が江戸時代から芝居や舞踊の興行に縁が深かったことから、現在も俳優やミュージシャンなど芸能関係の参拝者が多いことで有名です。いわば「芸能界で生き残っていくパワーを与えてくれる神様」という感じで、玉垣には芸能人の名前がずらりと並び、「女優になりたい」「ミュージシャンとして成功したい」「舞台を成功させたい」といった祈願絵馬がたくさん奉納されています。芸能の道を目指す人や、クリエイターには頼れる神様です。

【ご祭神】
木花之佐久夜毘売

【ご利益一覧】
出世・芸事成就・才能開花・仕事運

Information
東京都新宿区新宿5-17-3
☎03-3209-5265
🚃東京メトロ丸ノ内線ほか「新宿三丁目」駅徒歩約3分

まだまだあります

お近くの神社へどうぞ！ 出世・勝運神社一覧

【大田区】太田神社

「願えば叶わぬこと無し」と厚く信仰される必勝祈願の神様

弓矢の神といわれた武人・那須与一《なすのよいち》ゆかりの神社。ご神体を胸に納めて、放った矢が見事扇を射抜いたことから、「願えば叶わぬことなし」と必勝祈願・心願成就のご利益が厚く信じられています。また、与一が1本の矢で的を射抜いたことから、一度のチャンスをモノにしなければならないスポーツや合格祈願にも霊験あらたかと言い伝えられています。

【ご祭神】
応神天皇・奥津彦命・奥津姫命・宇迦御魂命・高龗命

【ご利益一覧】
必勝祈願・心願成就・合格祈願・開運厄除

Information
東京都大田区中央6-3-24
☎03-3753-4529
JR京浜東北線「大森」駅より東急バス「池上営業所」徒歩約5分

【葛飾区】亀《かめ》有《あり》香《か》取《とり》神社

漫画「こち亀」の地元に鎮座するパワフルな神様！

「両さん」が活躍する「こち亀」(『こちら葛飾区亀有公園前派出所』) にもたびたび登場する、勝負・開運・厄除けのご利益で知られる神社です。ご祭神は武神で、古くから戦勝の神として崇敬されましたが、現在は、人生の何事にも打ち勝つ」というパワフルな霊威を発揮し、日々の生活において厄を除き、災いなく健やかに仕事や学業などに頑張れるように守ってくれます。

【ご祭神】
経津主大神・武甕槌大神・岐大神

【ご利益一覧】
勝運・開運厄除・足腰健康・競技必勝など

Information
東京都葛飾区亀有3-42-24
☎03-3601-1418
JR常磐線「亀有」駅
徒歩約5分

【千代田区】
築《つく》土《ど》神社

東国の英雄
将門のパワーで
勝負運が向上!!

もともとは平将門を祀る神社として平安時代に建てられたと伝わる歴史の古い神社で、現在は出世の祈願スポットとして参拝者を集めています。江戸時代には江戸の守り神として将軍家からも崇敬され、二代秀忠の正妻のお江の方も当社のお守りを身につけていたといいます。主祭神の瓊々杵命《ににぎのみこと》は天照大神の孫で高天原から地上に降って天皇家の祖先となった神様です。

【ご祭神】
天津彦火邇々杵命・平将門公・菅原道真公

【ご利益一覧】
勝運・開運・出世・必勝祈願

Information
東京都千代田区九段北1-14-21
☎03-3261-3365
🚃東京メトロ半蔵門線ほか「九段下」駅徒歩約1分

【台東区】
被《ひ》官《かん》稲《いな》荷《り》神社

病気をも全快させた
ご利益が
出世や就職に効く!

社名の「被官」は、「官を被《こうむ》る」という意味から出世と理解され、ヒカン（被官）は江戸っ子訛《なま》りでシカン（仕官）と発音されることから出世と就職の神として崇敬されるようになりました。幕末から明治維新にかけて活躍した侠客《きょうかく》・新門辰五郎が妻の病気平癒を願って創祀し、全快が叶ったという神社です。今日もそのご利益を求めて参拝する人が多く見られます。

【ご祭神】
倉稲魂命（宇迦之御魂神）

【ご利益一覧】
立身出世・芸能上達・福徳円満・商売繁盛

Information
東京都台東区浅草2-3-1
☎03-3844-1575（浅草神社）
🚃東京メトロ銀座線ほか「浅草」駅徒歩約7分

【北区】
平塚神社

無職の男を
大出世させた
平塚明神の霊力!!

中世の名族・豊島氏が居城の守護神として源氏三兄弟を祀った勝運・出世守護の神社です。江戸時代、豊島郡平塚郷の盲者だった男が、平塚明神に祈願して江戸に出たところ、たちまち「検校」という高い地位を得て、三代将軍家光の近習《きんじゅ》として仕えるまでに大出世。さらに家光が病に倒れた際に、男が病気平癒を祈願したところ、たちどころに快癒したと伝わっています。

【ご祭神】
源義家命・源義綱命・源義光命

【ご利益一覧】
立身出世・勝運・開運厄除・病気平癒など

Information
東京都北区上中里1-47-1
☎03-3910-2860
🚃JR京浜東北線「上中里」駅徒歩約2分

【埼玉県】高麗《こま》神社

栄光の座をつかみたかったら絶対におすすめ!!

「出世開運の神」として広く知られています。その名声を世に広めた一番の理由は、この神社に参拝した政治家の中から、6人の総理大臣が生まれたことによります。具体的には、濱口雄幸、若槻礼次郎、斎藤実、平沼騏一郎、小磯國昭、鳩山一郎が挙げられます。そのほか、最高裁長官や検事総長など、みな参拝したあとに、念願の栄光を獲得しています。

【ご祭神】
高麗王《こまのこきし》 若光《じゃっこう》

【ご利益一覧】
出世開運・子孫繁栄

Information
埼玉県日高市新堀833
☎042-989-1403
🚃JR川越線ほか「高麗川」駅徒歩約20分

【神奈川県】佐《さ》助《すけ》稲《いな》荷《り》神社

源頼朝の前に現れて歴史の偉人に押し上げた!

鎌倉めぐりの立ち寄り先としても知られる出世運や恋愛運がアップするとされる祈願スポットです。ご祭神の稲荷神が老翁の姿に化身して源頼朝の前に現れ、「今こそ起つべき時である」と挙兵を促したと伝わります。頼朝に決断を促して武士政権の鎌倉幕府を打ち立てる歴史の偉人に押し上げた霊験から、出世運・仕事運をアップさせる神様として信仰されているのです。

【ご祭神】
宇迦御魂命・大己貴命・佐田彦命・大宮女命

【ご利益一覧】
出世運・仕事運・病気平癒・恋愛成就

Information
神奈川県鎌倉市佐助2-22-10
☎0467-22-4711
🚃JR横須賀線ほか「鎌倉」駅徒歩約25分

【埼玉県】鬼《き》鎮《じん》神社

鬼神の霊威を宿す金棒が勝負運を向上させる!

鬼を守護神として祀るという、全国的にも珍しい神社です。鎌倉時代から悪魔災厄を祓い、武運長久を祈願する勝負の神として崇敬されてきました。現在はスポーツや勝負事など、勝ち運向上をはじめ、一発勝負の受験合格祈願に大勢の人が訪れます。拝殿には心願成就のお礼に鬼の金棒がたくさん奉納されていて、必勝祈願の絵馬には力強い赤鬼と緑鬼の姿が描かれています。

【ご祭神】
衝立船戸神・八街比古神

【ご利益一覧】
勝運・仕事運・試験合格・商売繁盛など

Information
埼玉県比企郡嵐山町川島1898
☎0493-62-2131
🚃東武東上線「武蔵嵐山」駅徒歩約15分

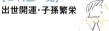

学芸上達・合格祈願のベストコース❶［上野・文京］

スキルアップや資格取得を目指したいなら、
あなたの才能を開花させ、知恵と学びを授ける神様たちの力を借りて。
学芸上達の神様の力を借りれば、
あなた自身も知らなかった力を、ぞんぶんに発揮できるはずです。

【ご利益アイコン説明】

合格祈願

学問上達

学芸上達・合格祈願のベストコース1

上野・文京

仕事の技芸上達や自分磨きで新しい私に！

有力な学問の神様に最強のご利益を期待しましょう！

このコースは、「東京三大天神」とか「関東三天神」と呼ばれる天神様のうちの2社（湯島天満宮と亀戸天神社。もうひとつは国立市の谷保天満宮）が含まれているという意味では、最強レベルの合格祈願の参拝コースといえます。

亀戸天神社は2月の梅、5月の藤、秋の菊などの花の名所で、その時季に参拝できたらベストです。このコースエリアは上野公園が中

心になります。小野照崎神社は下町「入谷」に鎮座する歴史の古い神社。上野公園といえば一般に春のお花見、東京博物館、西洋美術館、上野動物園といったイメージが強いようですが、園内には上野東照宮や五条天神社があります。上野公園の不忍池の湯島口から湯島天神へは徒歩10分ほどですが、その途中には三菱財閥・岩崎家が明治時代に建てた旧本邸と庭園が見どころの旧岩崎邸庭園があります。牛天神北野神社は、東京ドームや小石川後楽園の近くです。

庭園が見どころの三菱財閥が建てた旧岩崎邸庭園

「芝庭」を持つ近代庭園を備えた本邸は明治29年（1896）に三菱の創始者・岩崎弥太郎の長男で三菱第三大社長の建てた和洋併置式の大邸宅。

文教の中心地にいる学問の神様は都内有数の合格祈願のメッカ!!

湯島《ゆしま》天満宮《てんまんぐう》

P63 MAP-5

通称「湯島天神」として知られる、東京都内における天神様への合格祈願のメッカです。ふだんから学問上達を祈願する参拝者が多く、東京を訪れる修学旅行の学生の姿が目立つのも特徴です。クラスや班単位での特別昇殿参拝なども行っていて、合格・学業・身体健全祈願の祈祷を行い、学業守や学業成就鉛筆（通称・天神鉛筆）などを授与しています。毎年の受験シーズンともなると境内は大変なにぎわいで、境内を埋める受験生の姿とともに、鈴なりの絵馬が季節の風物詩となっています。

この辺りは、江戸時代に昌平坂学問所（現在の湯島聖堂）が設けられて文教の中心地となり、その近くにあった当宮が学問の神として篤く崇敬されてきました。

御朱印

【ご祭神】
菅原道真公・天之手力雄命

【ご利益一覧】
学業上達・合格祈願・勝運・仕事運・芸道上達・厄除け・商売繁盛

Information
東京都文京区湯島3-30-1
☎03-3836-0753
東京メトロ千代田線「湯島」駅
徒歩約2分

智恵と才能を開花させる「下町の天神さま」の力を授かる！

亀《かめ》戸《いど》天《てん》神社

P62 MAP-1

昔から「下町の天神さま」という庶民的なイメージが広まっている「亀戸の天神さま」は、合格祈願の受験生にも人気です。

学業成就祈願だけでなく、江戸時代から四季の花の名所として知られています。とりわけ東都随一を誇っているのが藤で、今日でも開花シーズンにはどっと参詣者が押しかけてにぎわいます。毎年1月24、25日の鷽替《うそかえ》神事は、江戸後期から続く行事で、この日しか手に入らない檜の木彫りに彩色した「うそ鳥」は、合格祈願のお守りとしても人気です。

江戸時代初期に九州の太宰府天満宮の分霊を勧請して祀ったことから、西の本社に対してはじめは「東宰府天満宮」「亀戸宰府天満宮」などと称しました。

御朱印

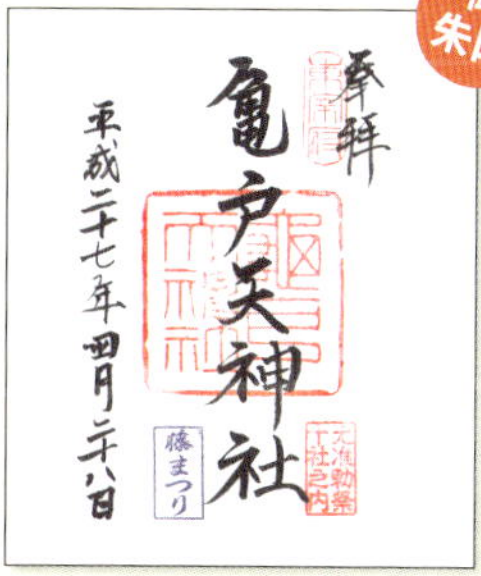

【ご祭神】
天満大神（菅原道真公）・
天菩日命

【ご利益一覧】
出世開運・勝運・金運・
商売繁盛・厄除け・
受験必勝

Information
東京都江東区亀戸3-6-1
☎03-3681-0010
JR総武線「亀戸」駅徒歩約15分

人々に智恵を授けた学者の遺徳にあやかろう！

小野照崎《おのてるさき》神社

P63 MAP-❷

ご祭神の小野篁《おののたかむら》は、初代遣隋使の小野妹子や小野道風《おののみちかぜ》、美人の代名詞とされる小野小町など、日本の歴史を彩る有名人を輩出した小野一族の出身です。

平安前期の公卿、学者、歌人として知られ、古代の東京に足跡を残した小野氏の最初の人物で、現在は学門・芸能の神様として信仰を集めています。上野国（群馬県）での任を終えて京都へ向かう途中に上野照崎（現在の上野公園付近）の美しい景色が気に入って滞在した篁は、土地の人々に教育を授けました。

のちに篁の死を悼んだ人々が、その霊を手厚く祀ったのが創祀となります。

【ご祭神】
小野篁命・菅原道真命

【ご利益一覧】
学業成就・芸能上達・業務充実・受験合格

Information
東京都台東区下谷2-13-14
☎03-3872-5514
🚇東京メトロ日比谷線「入谷」駅徒歩約3分

お狸様の「他を抜く」パワーが必勝合格の強運を招く!!

上野東照宮《うえのとうしょうぐう》・栄誉権現社《えいよごんげんしゃ》

P63 MAP-❹

主祭神の徳川家康（東照大権現）は、出世や勝運の神様ですが、最近、にわかに合格祈願スポットとして注目されているのが、境内にある通称「お狸様」の栄誉権現社です。

もともと江戸城大奥などに安置されていてしばしば災いをもたらす「悪神」でしたが、東照宮に寄進されてすっかり改心。タヌキ＝「他を抜く」の語呂合わせから、今日では強運開祖・受験・就職・必勝の神様として信仰されます。

また、「金色殿」とも呼ばれる権現造りの豪壮華麗な上野東照宮の社殿も見所です。文字通りの「金ぴか」ぶりは一見の価値ありと感嘆させられます。

【ご祭神】
徳川家康公・徳川吉宗公・徳川慶喜公

【ご利益一覧】
強運・受験合格・就職・必勝祈願

Information
東京都台東区上野公園9-88
☎03-3822-3455
🚇JR山手線ほか「上野」駅徒歩約5分

医薬祖神2柱も学芸精進を願う人の守り神

五《ご》條《じょう》天《てん》神社

その昔、日本《やまと》武尊《たける》が東征の折に、忍ヶ岡（現在の上野公園付近）を通った時にご加護を受けたことに感謝して、薬祖神の2柱である大己貴命〈大国主命〉・少彦名命を祀ったのが創祀とされています。江戸時代には、歌道の祖神として、学業の神・菅原道真公が相殿に合祀されました。

今日では、医薬祖神として親しまれる主祭神の大己貴命《おおなむちのみこと》〈大国主命〉・少彦名命《すくなひこなのみこと》のご神徳と併せて、健康で元気に学業に精進することを願う人を導いてくださるとして崇敬されています。

菅原道真公が神使の天神牛に乗る絵馬や、必中の的絵馬が受験生に人気です。

P63 MAP-❸

【ご祭神】
大己貴命・少彦名命・菅原道真公

【ご利益一覧】
無病健康・病気平癒・家運繁栄・学業成就

Information
東京都台東区上野公園4-17
☎03-3821-4306
🚉JR山手線ほか「上野」駅徒歩約5分

学芸上達の願いが叶う「撫で牛」が頼もしい!!

牛《うし》天《てん》神《じん》北《きた》野《の》神社

撫でながら祈念すれば、学業成就や受験合格はもちろんのこと、なんでも叶えてくれるという何とも頼もしい「撫で牛」発祥の地とされる神社です。

通称「牛天神」の由来は、源頼朝が奥州へ出陣の途中この地にあった石に腰掛けて休息したとき、夢の中に牛に乗った菅公が現われて「二つの喜びがある」と告げられました。翌年、その喜びが叶ったことを喜んだ頼朝は、この霊石を手厚く祀って牛天神を創始したと伝わります。現在も社殿前には牛の形をした「牛石」があり、「撫で岩（願い牛）」と呼ばれて、特に受験世代の参拝者の合格祈願スポットになっています。

P63 MAP-❻

【ご祭神】
菅原道真公

【ご利益一覧】
学業成就・合格祈願・商売繁盛・心願成就

Information
東京都文京区春日1-5-2
☎03-3812-1862
🚉東京メトロ丸ノ内線ほか「後楽園」駅徒歩約10分

神様のなかでも天神様は出世頭！

学問の神として有名な菅《すが》原《わらの》道《みち》真《ざね》はなんと元・怨霊だった！

怨霊として恐れられ過ぎて神様になる資格を獲得

学問の神・天神様として人気の菅原道真は、元・人間が神様になるタイプとして、「御霊《ごりょう》信仰」で祀られた神様です。「御霊」とは、恨みを残して死んだ人間の霊魂が、怨霊となって、この世で激しく祟るようになること。この祟りを鎮めるため、神様として祀るのが「御霊信仰」です。道真は、生前は学問に長けたエリート官僚でしたが、当時の同僚に出世争いで裏切られ、悲運の死を遂げました。

人々は、道真の魂が怨霊になったと信じ、後に起こった疫病・落雷・天変地異を、激しい祟りとして大いに恐れました。当時、そのエネルギー源と考えられ、怨霊と同一視されたのが、火雷天神《からいてんじん》（もともと北野天満宮に祀られていた雷神）です。つまり、不浄な怨霊が、人々の信仰によって、神様としての霊威を獲得したのです。

もし単なる怨霊のままで、神さまになる資格を備えることがなかったら、天神信仰は生まれなかったかもしれません。

学芸上達・合格祈願のベストコース❷

［港・新宿］

新しいことにチャレンジしたいというときには、
学芸上達の神様にお参りしてみましょう。
自分磨きなら、学問や音楽、芸術と技芸上達の神様にお任せあれ。
大切な場面の前には、合格祈願の神社でゆっくりと心を落ち着けて。

【ご利益アイコン説明】

合格祈願　学問上達

学芸上達・合格祈願のベストコース❷

港・新宿

昇進試験や資格取得も全力サポート！

鎮守の森に癒やされて技芸上達の願いを叶えたい！

都心から渋谷区の原宿、代々木周辺から世田谷区の三軒茶屋へと歩くコースで、最初の目的地の平河天満宮の近くには、国立劇場、最高裁判所があり、皇居の半蔵門から桜田濠の景観がみどころです。ファッションと若者文化でにぎわう原宿にあって、豊かな鎮守の森の静寂に包まれている東郷神社、山手線を挟んだ向こう側には明治神宮が鎮座。鬱蒼と樹木が茂る広

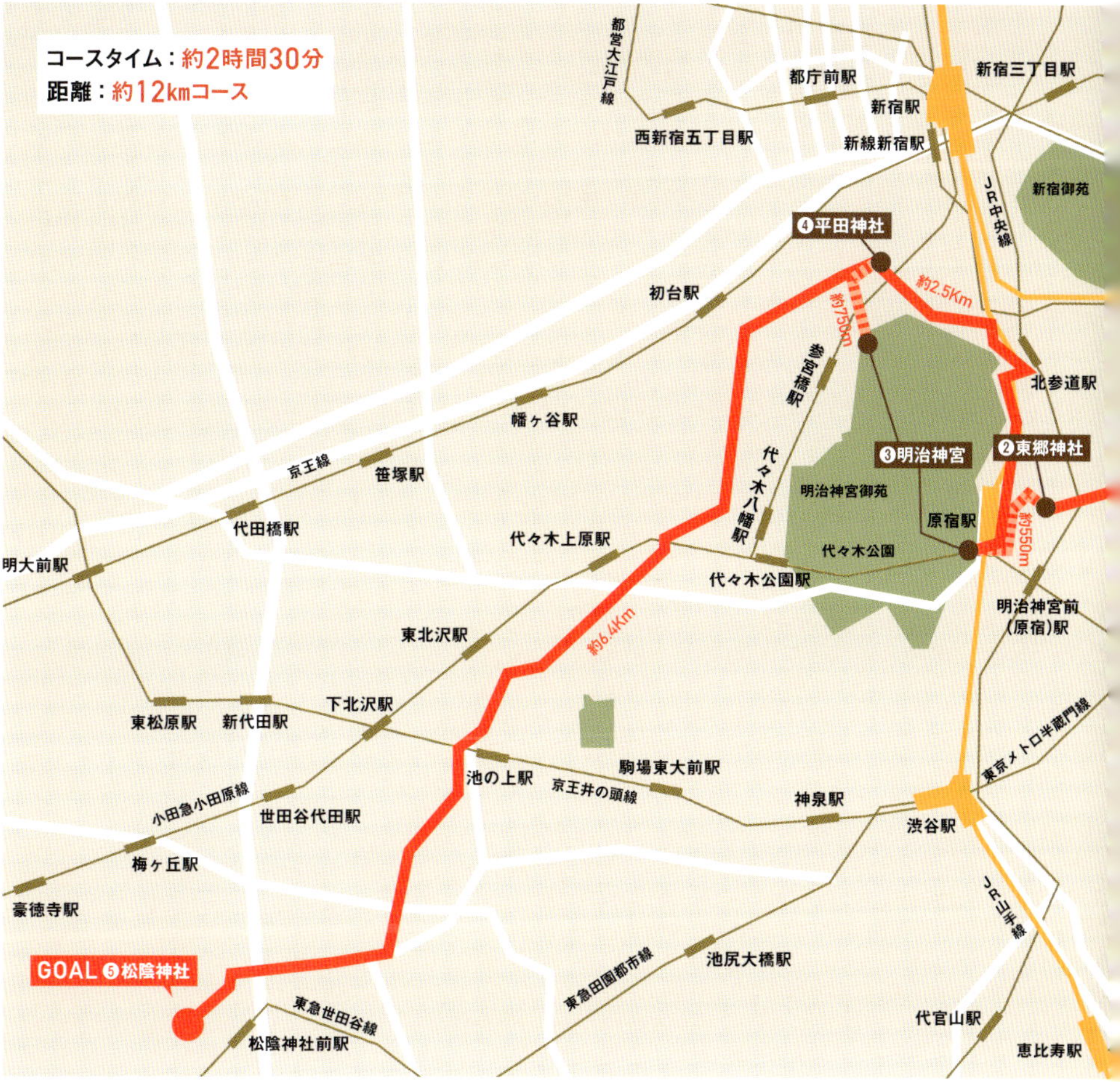

大な「明治神宮の森」は、隣接する代々木公園とともに大都会の真ん中にある豊かな自然が都会人のいやしの空間です。明治神宮の北側の出口から近い静かな住宅街の中にあるのが平田神社。さらに渋谷から電車に乗り、若者向けのおしゃれな店が集まる三軒茶屋で、東急世田谷線の緑色したかわいい電車にのりかえて3つ目が小さな松陰神社前駅。そこから「松陰通り」と呼ばれる昔ながらの庶民的な雰囲気の商店街を北へ徒歩5分のところが松陰神社です。

明治神宮の森の中のパワースポット「清正井」

御苑の中に湧水の井戸は江戸時代に加藤清正が掘ったという伝説があり、スマホの待ち受け画面にすると「運気が上がる」と話題になりました。

江戸から多くの学者が信仰 寺子屋の技芸上達で人気！

平《ひら》河《かわ》天《てん》満《まん》宮《ぐう》

P70 MAP-①

「江戸三大天神」といわれ、江戸時代には盲目の国学者・塙《はなわ》保《ほ》己《き》一《いち》や蘭学者・高野長英などの学問の道を歩む人が熱心に信仰していたことが知られ、庶民の間でも寺子屋の子弟の学問上達祈願で大変人気があったそうです。

境内の拝殿前の参道の両側に5基の石牛像があるのが印象的で、一番手前の石牛が「撫で牛」と呼ばれ、撫でると学芸が上達すると言い伝えられています。頭部や背部は見た眼にもすり減っていて参拝者の祈念の熱さを感じます。

現在も学問の神として崇敬が篤く、特に医学や芸能上達などの祈願者が多く訪れています。元々は、江戸開発の先駆者・太《おお》田《た》道《どう》灌《かん》が、夢枕に立つ菅原道真の霊威を感じて江戸城内に祀ったのが創祀です。

御朱印

【ご祭神】
菅原道真公・誉田別尊・徳川家康公

【ご利益一覧】
学問成就・合格祈願・商売繁盛・出世開運

Information
東京都千代田区平河町1-7-5
☎03-3264-3365
東京メトロ半蔵門線「半蔵門」駅徒歩約1分

多くの才能を育てた指導者の情熱をエネルギー源に！

松《しょう》陰《いん》神社

P71 MAP-⑤

松陰《しょういん》が開いた松《しょう》下《か》村《そん》塾《じゅく》は、その門下から久坂玄瑞、高杉晋作、伊藤博文、山県有朋といったすぐれた人材を輩出し明治維新の原動力となり、さらには西洋に対抗する日本の近代化にも貢献しました。

このように多くの才能を育てた希代の教育者の情熱とパワーを感じとれば、日々受験勉強に励んでいる学生さんには力強いエネルギー源となるでしょう。

ご祭神の吉田松陰は思想家、教育者で、安政5年（1858）、幕府批判や老中襲撃を計画したことなどを理由に「安政の大獄」に連座し、翌年、伝馬町の獄中において満29歳の若さで刑死しました。その後、門下生らによって遺骨を長州藩毛利家別邸があったこの地に改葬し、祀ったのが創祀です。

御朱印

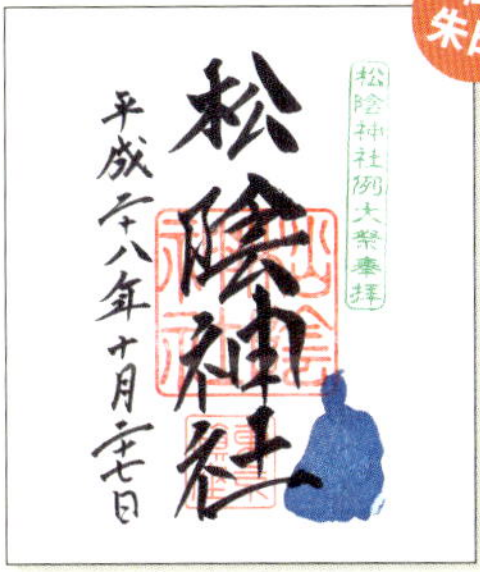

【ご祭神】
吉田寅次郎藤原矩方命
（吉田松陰）

【ご利益一覧】
学業成就・合格祈願・
開運厄除・商売繁盛・
心願成就・社運隆昌

Information
東京都世田谷区若林4-35-1
☎03-3421-4834
🚃東急世田谷線「松陰神社前」駅
徒歩約3分

文武両道のご神徳が合格の願いを叶えてくれる！

東郷神社

P71 MAP-❷

「大東郷」と呼ばれるこの神社にお参りすれば、天皇の教育をした海軍大将のご神徳が、学問の成就・合格の祈願を叶えてくれます。

当社ならではのZ旗の「勝守」は、日本海海戦で当時世界最強といわれたロシア艦隊に打ち勝った功績にあやかり、自分の目標に向かって「思いを成し遂げよ」という神意がこもっています。

ご祭神の東郷《とうごう》元帥《げんすい》は、元海軍大将で、日露戦争において連合艦隊司令長官として指揮しました。大正時代には東宮御学問所総裁として昭和天皇の教育に努めるなど、世に「大東郷」と称されました。

病没後、全国各地で遺徳を永く顕彰する神社創祀の機運が高まり、昭和15年の5月27日（当時の海軍記念日）に創建されました。

御朱印

【ご祭神】
東郷平八郎命

【ご利益一覧】
学問の成就・合格祈願・必勝・夫婦和合・商売繁盛・社運隆昌・心願成就など

Information
東京都渋谷区神宮前1-5-3
☎03-3403-3591
JR山手線「原宿」駅徒歩約3分

森林に満ちる自然のパワーで才能を伸ばす！

明治神宮《めいじじんぐう》

ご祭神は、日本の近代化に尽力した明治天皇と、女子教育の奨励や、慈善事業に大きな役割を果たした昭憲皇太后《しょうけんこうたいごう》です。その遺徳に発する幅広いご神徳のひとつが、修学修業（勉学に励み職業を身に着ける）、知能啓発（智徳を養い才能を伸ばす）、さらには徳器成就（人格の向上）のパワーです。

喧騒の原宿の隣にありながら、広大な森林が広がる神宮の森は、都会のオアシスとして参拝者を癒し、元気にしてくれるという効果も。毎年の初詣時期には全国一の300万人以上が訪れ、年間でも約1千万人の参拝者を集めている、首都・東京のど真ん中に鎮座している神社です。

P71 MAP-❸

【ご祭神】
明治天皇・昭憲皇太后

【ご利益一覧】
厄除開運・家内安全・
合格祈願・世界平和など

Information
東京都渋谷区代々木神園町1-1
☎03-3379-5511（社務所）
JR山手線「原宿」駅徒歩約2分

何百人もの門弟を指導した大学者のパワーはお墨付き！

平田神社

何百人もの門弟を指導した大学者のパワーが、学問上達や試験合格の願いを叶えてくれます。

ご祭神の平田篤胤《ひらたあつたね》は、江戸時代後期の国学者、神道家、思想家、教育者、医師として活躍した人物です。日本人のアイデンティティとなる復古神道による宗教改革や古典文化の復興を唱えました。

その門下から輩出された人材が、明治維新で活躍し、日本の近代化の原動力となりました。そうした先駆者としての功績から、荷田春満、賀茂真淵、本居宣長らとともに「国学四大人」の1人と崇められています。その遺徳を讃え、神社として祀ったのが当社の創祀です。

P71 MAP-❹

【ご祭神】
神霊真柱平田篤胤大人命《かむたまのみはしらひらたあつたねうしのみこと》

【ご利益一覧】
学問成就・合格祈願・
医学向上・芸道上達

Information
東京都渋谷区代々木3-8-10
☎03-3370-7460
JR山手線ほか「代々木」駅
徒歩約10分

まだまだあります

お近くの神社へどうぞ！ 学芸上達・合格祈願神社一覧

【国立市】

谷《や》保《ぼ》天《てん》満《まん》宮《ぐう》

道真公の三男が創始
東日本の
「関東三大天神」

湯島・亀戸と並び「関東三大天神」と呼ばれる天神様ですから、学問の神としての実力は推して知るべし。東国最古の神社といわれるように、創祀は管公が大宰府に左遷された際、この地に配流された三男・道武が、父死亡の悲報に接し、追慕《ついぼ》の念を込めて手ずから木彫りの坐像として刻み、小祠を設けて手厚く祀ったのが起源と伝えられています。

【ご祭神】
菅原道真公・菅原道武公

【ご利益一覧】
合格祈願・学業成就・厄除け・交通安全など

Information
東京都国立市谷保5209
☎042-576-5123
JR南武線「谷保」駅 徒歩約3分

【調布市】

布《ふ》多《だ》天《てん》神社

「御神牛」の像の
鼻を撫でると
ご利益がある！

ご祭神は知恵と技術を併せ持つ医薬神と学問・書道の神様ですから、学問上達・合格祈願の守り神としては大変頼りがいがあります。社名の「布多（田）」は、「調布」の地名と同じく古代にこの地域で盛んだった布づくりに由来したものです。『延喜式』神名帳にも載っている多摩地方でも有数の古社で、「御神牛」の像は鼻を撫でるとご利益があると言い伝えられています。

【ご祭神】
少毘古那命・菅原道真公

【ご利益一覧】
学業成就・合格祈願・厄除け・病気平癒

Information
東京都調布市調布ケ丘1-8-1
☎042-489-0022
京王線「調布」駅 徒歩約5分

【神奈川県】

報《ほう》徳《とく》二《にの》宮《みや》神社

勤勉努力の鑑・二宮金次郎にあやかる！

江戸時代後期の農政家・思想家として、農民に豊かに生きる知恵である「報徳思想」を説いた二宮尊徳（二宮金次郎）を祀っています。現代でも、小学校の校庭には、薪《まき》を背負いながら読書にはげむ少年・二宮金次郎像がよく見かけられます。今日では、学問成就の神様として、合格祈願のご利益を願う受験生や、学生たちからも篤い信仰を集めています。

【ご祭神】
二宮尊徳翁

【ご利益一覧】
学業成就・合格祈願・商売繁盛・経済再生

Information
神奈川県小田原市城内8-10
☎0465-22-2250
🚃JR東海道本線ほか「小田原」駅徒歩約15分

【埼玉県】

秩父神社

知恵の神の使いの梟が合格必勝を運んでくる！

人間の叡智と創造力を象徴する霊威神2神をそろって祀っているだけに、合格祈願スポットとして広く参拝者を集めています。特に知恵の神のパワーを象徴するのが、体は正面の本殿を向き、頭は真北を向いた姿で彫刻されている神使の「北辰の梟《ふくろう》」です。古くから知恵のシンボルていわれる「梟守」は、学問成就・入試合格を祈願する受験生に大人気です。

【ご祭神】
八意思兼命・知知夫彦命・天御中主神

【ご利益一覧】
学業成就・合格祈願・縁結び・商売繁盛

Information
埼玉県秩父市番場町1-3
☎0494-22-0262
🚃西武秩父線「西武秩父」駅徒歩約15分

【神奈川県】

奨学神社・前《さき》鳥《とり》神《じん》社《じゃ》境内社

日本に文字を伝え学問を始めた偉人のパワー！

古代日本に大陸から初めて文字と書物が伝わり、わが国において最初に学問が始められた際に、その先駆者となった人物を祀り、学業向上・合格祈願の神様として信仰されています。阿《あ》直岐《ちき》（阿知吉師《あちのきちし》）と王仁《わに》（和邇吉師）の二人は、応神天皇が百済から招いた帰化人で千文字と論語を伝えた人物。古くから漢学・儒学の神、文章・文字の神とされています。

【ご祭神】
阿直岐命・王仁命・菅原道真公

【ご利益一覧】
学業成就・合格祈願

Information
神奈川県平塚市四之宮4-14-26
☎0463-55-1195
🚃JR東海道本線「平塚」駅より神奈川中央交通バス「前鳥神社前」徒歩約3分

COLUMN ④

「お稲荷さん」の別名は「宇迦之御魂神《うかのみたまのかみ》」って知っていた？

神様は本名のほかに、別名を持っていることが多い！

食物をつかさどる神様はみんな「お稲荷さん」一族

日本の神様は、本名（世間の呼び名）のほかに、別名を持つ例が多く見られます。お稲荷さんの別名といえば、伏見稲荷大社《ふしみいなりたいしゃ》で祀られる「宇迦之御魂神《うかのみたまのかみ》」が有名。

ところが、別名はこれだけではありません。仏教系の、豊川稲荷《とよかわいなり》のご祭神は「荼枳尼眞天《だきにしんてん》」と言い、この神様を祀る神社も全国にあります。そのほか、ひと括りに「お稲荷さん」とされているのが、豊《とよ》受《うけ》大神《おおかみ》、若宇加能売命《わかうかのめのみこと》、保食神《うけもちのかみ》（大宜都比売神《おおげつひめのかみ》）、御饌都神《みけつがみ》といった神々。いずれも食物をつかさどる神様ですが、同じ呼び名でも、厳密には多様な神様の場合が多いのです。

ところで、誰もが知るお稲荷さんが、七福神に入っていないのもふしぎです。理由は大国さまとご利益がカブること、稲荷＝キツネの印象が強く、人間のイメージが弱いことなどがあったようです。

七福神めぐり

ありがたい七福神を祀っている神社は、東京にもたくさん。
ゆっくり歩いても約半日～1日あれば周れるコースばかりです。
お正月の初詣にはぜひ、新たな気持ちで参拝しましょう。
1年を通してお参りできる神社もあるので、
街の雰囲気を楽しみながら、ぜひお参りを。

【七福神アイコン】

浅草名《な》所《どころ》七福神

七福神なのに九社寺ある?!
江戸の面影と出会える下町ルート

観音様や吉原遊郭跡などの名所旧跡を楽しみながら!

観音様の境内を中心に江戸時代の面影を残す名所旧跡を訪ね歩く下町ルート。実際に詣でる社寺が九社寺あるのは、「九は数の極み、一は変じて七、七変じて九と為す。九は鳩であり、集まる意味を持ち、また天地至数易では陽を表す」という古事に由来するそうです。どこまでもめでたさを追求するという熱意の証。福禄寿と寿老人を祀る神社も2カ所ずつあります。

❶浅草寺

大黒天

浅草名物、浅草寺に祀られている穀物の豊穣や福徳財宝の守護神。

❷浅草神社

恵比須

浅草寺からほど近く、招福・開運の福の神、恵比須様はここに。

❸待《まつ》乳《ち》山《やま》聖天《しょうでん》

毘沙門天

浅草寺の子院に祀られる財産・勇気・決断を授けてくれる神様。

❹今戸神社

福禄寿

招き猫で有名な社に福(幸福)・禄(財福)・寿(健康長命)の神。

浅草名所七福神一覧

浅草寺	東京都台東区浅草2-3-1 ☎03-3842-0181 🚉東京メトロ銀座線ほか 「浅草」駅徒歩約5分
浅草神社	東京都台東区浅草2-3-1 ☎03-3844-1575 🚉東京メトロ銀座線ほか 「浅草」駅徒歩約7分
待乳山聖天	東京都台東区浅草7-4-1 ☎03-3874-2030 🚉東京メトロ銀座線ほか 「浅草」徒歩約10分
今戸神社	東京都台東区今戸1-5-22 ☎03-3872-2703 🚉東京メトロ銀座線ほか 「浅草」駅徒歩約15分
橋場不動尊	東京都台東区 橋場2-14-19 ☎03-3872-5532 🚉東京メトロ日比谷線ほか 「南千住」駅徒歩約20分
石浜神社	東京都荒川区 南千住3-28-58 ☎03-3801-6425 🚉東京メトロ日比谷線ほか 「南千住」駅徒歩約15分
鷲神社	東京都台東区千束3-18-7 ☎03-3876-1515 🚉東京メトロ日比谷線 「入谷」駅徒歩約7分
吉原神社	東京都台東区 千束3-20-2 ☎03-3872-5966 🚉東京メトロ日比谷線 「三ノ輪」駅・「入谷」駅 徒歩約15分
矢先稲荷神社	東京都台東区 松が谷2-14-1 ☎03-3844-0652 🚉東京メトロ銀座線 「稲荷町」駅・ 「田原町」駅徒歩約8分

⑦鷲《おおとり》神《じん》社《じゃ》
寿老人

「寿老人」同神で長寿の福徳を象徴する二千歳の玄鹿を連れた像も。

⑤橋《はし》場《ば》不《ふ》動《どう》尊《そん》
布袋尊

中国伝来、七福神の中でも唯一実在した禅僧で知恵と福徳の神様。

⑨矢《や》先《さき》稲《いな》荷《り》神《じん》社《じゃ》
福禄寿

南極星の化身で、長寿をつかさどる神様。今戸神社と同じく福禄寿。

⑧吉原神社
弁財天

七福神の中では紅一点の芸術や知性、福徳、恋愛、子孫繁栄の神徳。

⑥石浜神社
寿老人

724年に鎮座した歴史ある神社の不老長寿・健康安全の守護神。

日本橋七福神

都内では最も距離が短くて短時間で回れるお手頃ルート

普段なら散歩のペースで1時間半から2時間

都内の主な「七福神ルート」の中でも最短の手ごろなコースです。距離的には全部回ると3～4キロ程度で、普段なら散歩のペースで1時間半から2時間あれば回れます。ただし正月三が日は、特に小網神社など込み合うところもありますから3～4時間というところ。朱印の台紙となる色紙は、お正月の期間のみ各七福神で購入（1枚2000円）できます。

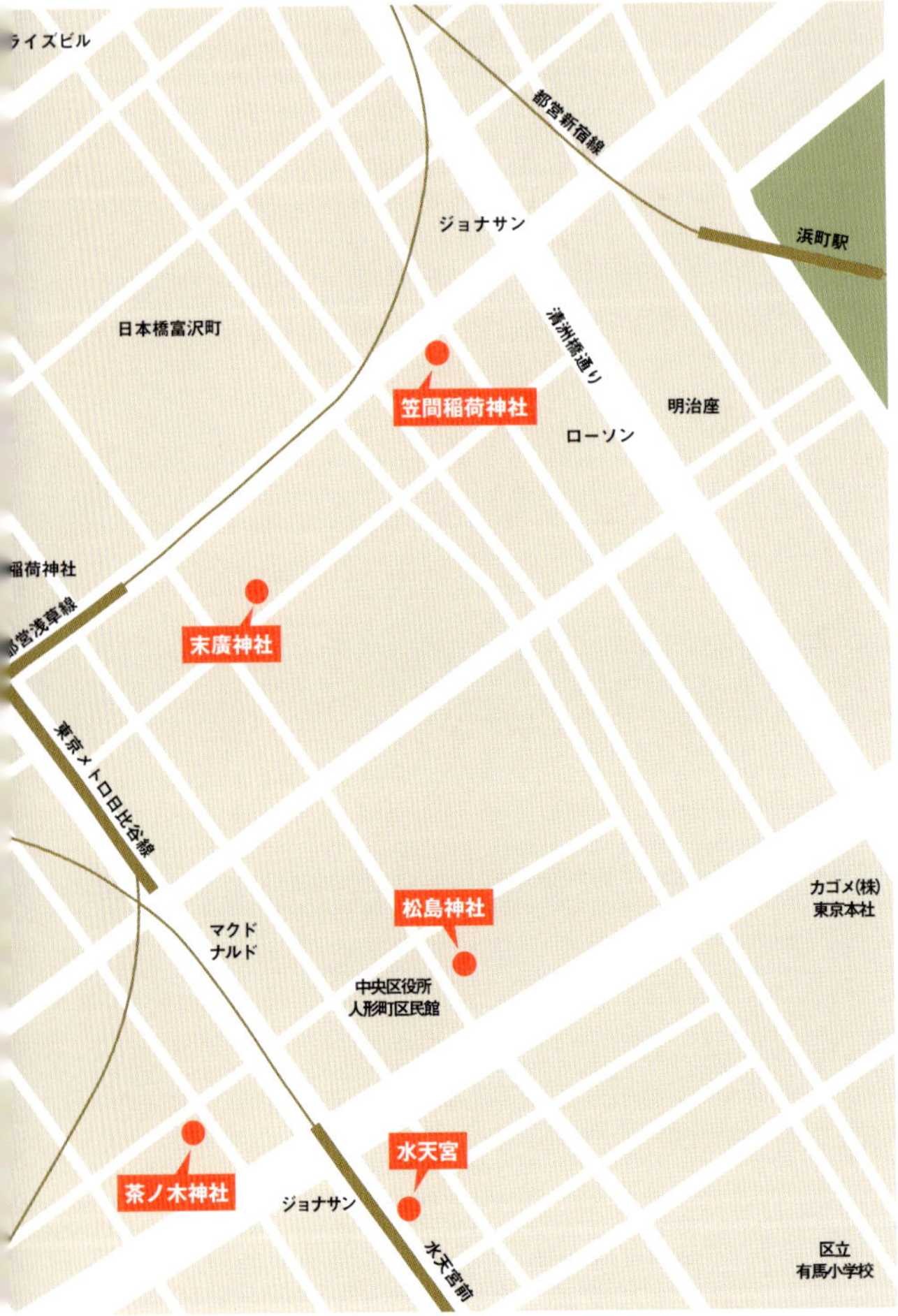

❶小網神社

福禄寿・弁財天

福禄寿は福徳長寿の神、弁財天は商売繁盛・学芸成就の神のご利益。

❷茶ノ木《ちゃのき》神社

布袋尊

福徳円満・除災の神徳。社務所がないので御朱印はもらえません。

❸水天宮《すいてんぐう》

弁財天

安産・子育てで有名なお宮。弁財天像は運慶作と伝えられています。

日本橋七福神一覧

小網神社	東京都中央区日本橋 小網町16-23 ☎03-3668-1080 🚉東京メトロ日比谷線ほか 「人形町」駅徒歩約5分
茶ノ木神社	東京都中央区日本橋 人形町1-12-10 ☎非公開 🚉東京メトロ半蔵門線 「水天宮前」駅徒歩約1分
水天宮	東京都中央区日本橋 蛎殻町2-4-1 ☎非公開 🚉東京メトロ半蔵門線 「水天宮前」駅徒歩約3分
松島神社	東京都中央区日本橋 人形町2-15-2 ☎03-3669-0479 🚉東京メトロ半蔵門線 「水天宮前」駅徒歩約3分
末廣神社	東京都中央区日本橋 人形町2-25-20 ☎03-3667-4250 🚉東京メトロ日比谷線ほか 「人形町」駅徒歩約4分
笠間稲荷神社	東京都中央区日本橋 浜町2-11-6 ☎03-3666-7498 🚉東京メトロ日比谷線ほか 「人形町」駅徒歩約5分
椙森神社	東京都中央区日本橋 堀留町1-10-2 ☎03-3661-5462 🚉東京メトロ日比谷線ほか 「人形町」駅徒歩約5分

⑥笠《かさ》間《ま》稲《いな》荷《り》神《じん》社《じゃ》

寿老人

日本三大稲荷の別社。幸運の神として運命を切り開く福徳長寿の神。

④松島神社

大国神

人形町にあり11月の酉の市が賑わう。豊穣神・大国神を祀る。

⑦椙《すぎの》森《もり》神《じん》社《じゃ》

恵比寿神

恵比寿神大祭も人気。で富塚も有名。「えびす顔」の商売繁盛の神様。

⑤末《すえ》廣《ひろ》神《じん》社《じゃ》

毘沙門天

当社は古くから氏神として信仰され、特に勝負事の霊験あらたか。

港七福神

めでたい宝船も加わって8カ所
華やかな麻布・六本木ルート

距離も時間もお手頃で寄り道スポットが多い！

長寿と福をもたらす港七福神は、めでたい宝船も加わって、全部で6社2寺の8カ所です。全部回れば距離約6キロ、所要時間3時間ほどのコースですから、気軽に参拝に出かけられます。ただし、エリアには六本木ヒルズや東京タワーなど、うっかり寄り道したら1日遊んでしまいそうなグルメ、ショッピングやレジャーがありますからスケジュール調整が大事。

❶久國《ひさくに》神社
布袋尊

久國作の宝刀の寄進が名前の由来。大きなお腹は子宝のご利益が。

❷天祖《てんそ》神社
福禄寿

幸福・財産・長寿を司る神様。人の生きる道、事業などの道を示す。

❸櫻田《さくらだ》神社
寿老人

境内の福寿稲荷に祀られている長寿の神。正月から8日まで公開。

❹氷川神社
毘沙門天

麻布の里に建つ。願いを叶え財運・勇気・勝運・学業成就のご利益。

港七福神一覧

久國神社	東京都港区六本木2-1-16 ☎03-3583-2896 🚃東京メトロ南北線 「六本木一丁目」駅 徒歩約6分
天祖神社	東京都港区六本木7-7-7 ☎03-3408-5898 🚃都営大江戸線 「六本木」駅徒歩約3分
櫻田神社	東京都港区西麻布3-2-17 ☎03-3405-0868 🚃東京メトロ日比谷線ほか 「六本木」駅徒歩約10分
氷川神社	東京都港区元麻布1-4-23 ☎03-3446-8796 🚃東京メトロ南北線ほか 「麻布十番」駅徒歩約10分
大法寺	東京都港区元麻布1-1-10 ☎03-3451-6039 🚃東京メトロ南北線ほか 「麻布十番」駅徒歩約7分
十番稲荷神社	東京都港区 麻布十番1-4-6 ☎03-3583-6250 🚃都営大江戸線ほか 「麻布十番」駅徒歩約1分
熊野神社	東京都港区麻布台2-2-14 ☎03-3589-6008 🚃東京メトロ日比谷線 「神谷町」駅徒歩約8分
宝珠院	東京都港区芝公園4-8-55 ☎03-3431-0987 🚃都営大江戸線 「赤羽橋」駅徒歩約5分

⑦熊野神社

恵比寿神

東京タワーの近く。商売繁盛や漁業の神として崇敬篤いえびす様。

⑤大《だい》法《ほう》寺《じ》

大黒天

伝教大師作の三神具足大黒尊天が福寿・円満・除災得幸のご利益を。

⑧宝珠院

弁財天

開運出世大辨才天女が祀られ政治家・経営者・芸能関係者らが崇敬。

⑥十《じゅう》番《ばん》稲《いな》荷《り》神社

宝船

鳥居に向かって左側には開運の象徴である宝船の石像が。

隅田川七福神

墨東の向島地区には文人墨客が
こよなく愛した風情が
東京スカイツリーのおひざ元

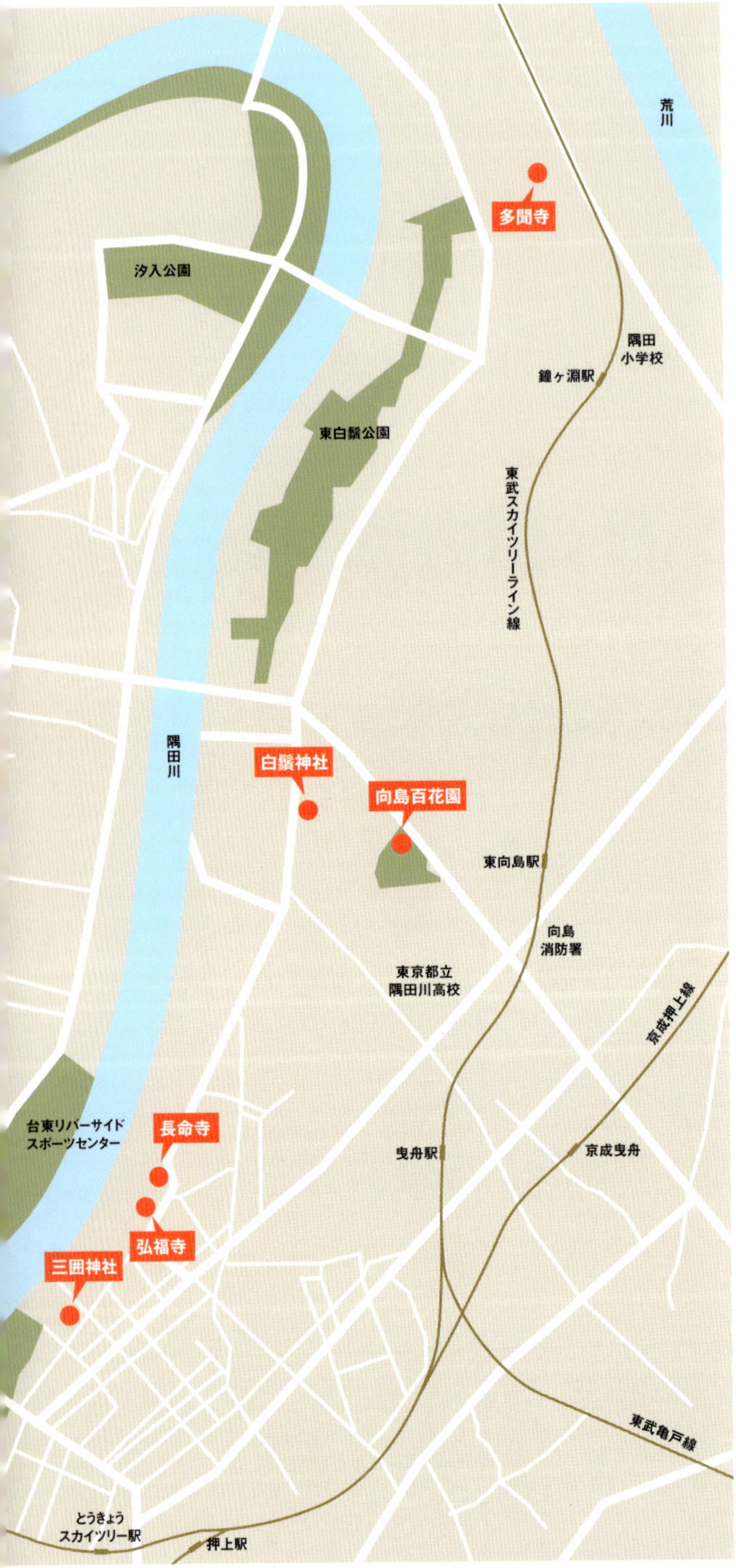

各寺社で神様のご分体を受け全員を宝船に乗せて祀る

江戸時代の文化年間に始まったという隅田川七福神のお参りの方法は、元旦から七草（7日）までの間に、各寺社で神様のご分体を受けて集め、それを宝船に乗せて祀るのがならわしだそうです。家でお祀りするときは舳先を家の中心にして福を招き入れます。墨東の向島界隈は、昔から文人墨客がこよなく愛した場所で、百花園は風流人が愛した庭園です。

❶三《み》囲《めぐり》神社

恵比寿神・大國神

恵比寿・大国像は越後屋（現・三越）に祀られていた。

❷弘福寺

布袋尊

勝海舟も修業した黄檗宗の禅寺。咳の爺婆尊像は風邪除けのご利益。

❸長命寺

弁財天

3代将軍家光の腹痛を治した境内の「長命水」も弁天様のパワーが。

❹百《ひゃっ》花《か》園《えん》

福禄寿尊

向島百花園に集う文化人たちの発案で隅田川七福神めぐりが発祥。

❺白《しろ》鬚《ひげ》神社

寿老人

ご祭神の白鬚明神が白い鬚の長寿の神と結びついた。

❻多聞寺

毘沙門天

仏の教えを護る智慧と勇気を現す。善行者には財宝を授ける。

隅田川七福神一覧

三囲神社	東京都墨田区向島2-5-17 ☎03-3622-2672 🚉東武スカイツリーライン「とうきょうスカイツリー」駅徒歩約8分
弘福寺	東京都墨田区向島5-3-2 ☎03-3622-4889 🚉東武スカイツリーライン「曳舟」駅徒歩約12分
長命寺	東京都墨田区向島5-4-4 ☎03-3622-7771 🚉東武スカイツリーライン「曳舟」駅徒歩約12分
向島百花園	東京都墨田区東向島3-18-3 ☎03-3611-8705（向島百花園サービスセンター） 🚉東武スカイツリーライン「東向島」駅徒歩約8分
白鬚神社	東京都墨田区東向島3-5-2 ☎03-3611-2750 🚉東武スカイツリーライン「東向島」駅徒歩約9分
多聞寺	東京都墨田区墨田5-31-13 ☎03-3616-6002 🚉東武スカイツリーライン「堀切」駅・「鐘ケ淵」駅徒歩約10分

千住七福神

日光街道の旧千住宿の街並みを歴史ロマンを感じながら歩く

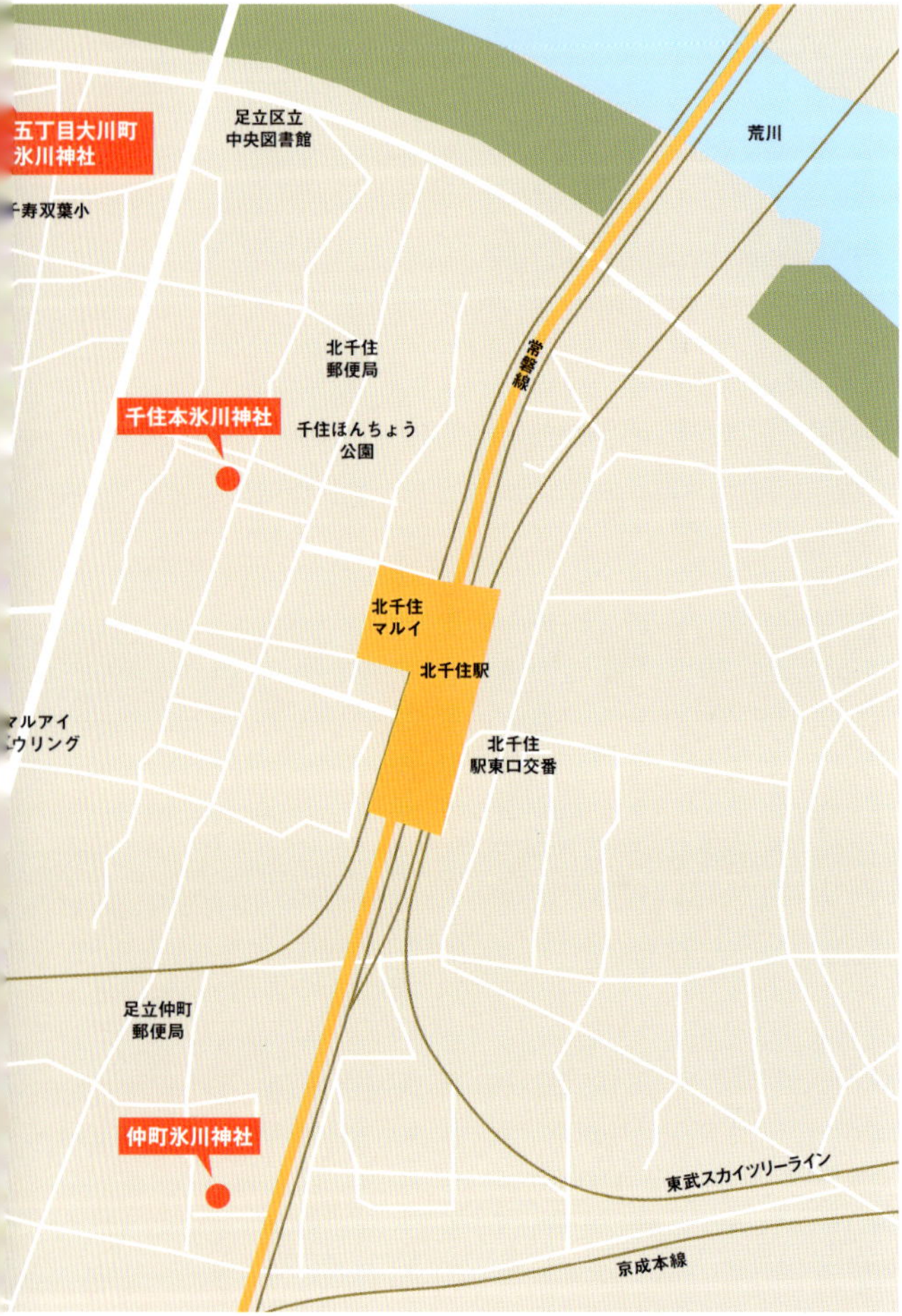

距離も時間もお手頃で寄り道スポットが多い!

松尾芭蕉の「奥の細道」の旅立ちの地、日光街道の旧千住宿の歴史ロマンを味わいながら回る千住七福神は、2008年の正月から正式にスタートしたフレッシュなルート。7カ所を3時間ほどで歩くことができます。七福神めぐりの開催までの期間中はもちろん、普段から参拝者を集め、各所で販売している七福神の人形は、かわいらしい姿で人気があります。

❶千住《せんじゅ》本《もと》氷川《ひかわ》神社

大黒天

鎌倉時代に千葉氏が創建したと伝わる古社に祀られている大黒様。

❷五丁目大川町氷川神社

布袋尊

御朱印は七福神めぐりの開催期間のみいただけます。

❸元宿《もとじゅく》神社

寿老人

甲斐武田氏や源信義の必勝祈願の守り神・八幡大菩薩像を安置。

❹千住《せんじゅ》神社

恵比寿天

ユニークな「回転する恵比寿像」を回して出世や商売繁盛のご利益。

千住七福神一覧

千住本 氷川神社	東京都足立区千住3-22 ☎03-3881-2857 🚃JR常磐線ほか 「北千住」駅徒歩約3分
五丁目 大川町 氷川神社	東京都足立区 千住大川町12-3 ☎03-3882-9870 🚃JR常磐線ほか 「北千住」駅徒歩約20分
元宿神社	東京都足立区 千住元町33-4 ☎なし 🚃JR常磐線ほか 「北千住」駅徒歩 約21分
千住神社	東京都足立区 千住宮元町24-1 ☎03-3881-1768 🚃JR常磐線ほか 「北千住」駅徒歩約15分
八幡神社	東京都足立区 千住宮元町3-8 ☎なし 🚃JR常磐線ほか 「北千住」駅徒歩約15分
河原町 稲荷神社	東京都足立区 千住河原町10-13 ☎03-3888-6902 🚃京成本線 「千住大橋」駅徒歩約2分
仲町 氷川神社	東京都足立区 千住仲町48-2 ☎03-3881-5271 🚃JR常磐線ほか 「北千住」駅徒歩約10分

⑦仲町氷川神社

弁財天

東京では一基だけという珍しい弁財天を主尊とした庚申塔を祀る。

⑤八幡《はちまん》神社

毘沙門天

源義家が欧州征伐の際にこの地に白幡を立て戦勝祈願したと伝わる。

⑥河原町稲荷神社

福禄寿

古くからヤッチャバ（千住青果市場）の守り神として崇敬された。

一箇所七福神

1箇所で7神すべてを参拝できる
ありがた〜い参拝方法！

体力に自信のない人や
仕事で時間が取れない人にも

正月の七福神めぐりのときには、1か所ですべて参拝できるので、大変ありがたい「一箇所七福神」。お参りはしたいけれども、体力的に難しいという人、忙しくて時間がなかなか取れない人は、ぜひお参りに行ってみましょう。境内のあちこちに祀られている場合もあるので、お参り前に、どこに祀られているかを調べてから参拝に臨むとよいでしょう。

一箇所七福神一覧

成子天神社・成子天神七福神	東京都新宿区西新宿8-14-10 ☎03-3368-6933 🚆東京メトロ丸ノ内線「西新宿」駅徒歩約3分
堀切天祖神社・しょうぶ七福神	東京都葛飾区堀切3-11-2 ☎03-3691-5539 🚆京成本線「堀切菖蒲園」駅徒歩約3分
葛西神社・葛西乃森乃七福神	東京都葛飾区東金町6-10-5 ☎03-3607-4560 🚆JR常磐線「金町」駅徒歩約10分
熊川神社・福生七福神	東京都福生市熊川660 ☎042-551-0720 🚆JR五日市線「熊川」駅徒歩約10分
豊川稲荷東京別院・豊川稲荷七福神	東京都港区元赤坂1-4-7 ☎03-3408-3414 🚆東京メトロ銀座線ほか「赤坂見附」駅徒歩約5分

❺豊《とよ》川《かわ》稲荷《いなり》東《とう》京《きょう》別《べつ》院《いん》

豊川稲荷七福神

お寺です。七福神の弁財天は豊川稲荷が芸能人に崇敬される理由のひとつです。

❸葛《か》西《さい》神社

葛西乃森乃七福神

江戸川七福神（弁財天）でもあり、一社でも七福神めぐりが可能です。

❹熊川神社

福生七福神

もともと弁財天を祀り、のちに6神が加わり本殿に祀られています。

❷堀《ほり》切《きり》天《てん》祖《そ》神社

しょうぶ七福神

堀切菖蒲園に向かう途中の路傍に高さ約3mの石像が立ち並びます。

❶成《なる》子《こ》天《てん》神《じん》社《しゃ》

成子天神七福神

境内の七福神は１年中参拝可能。12mの富士塚に木花咲耶姫が祀られています。

COLUMN 5

「美人と誉れ高い水の神様」も途中で合体

美人で有名な弁財天にはインドの神様が混じっているってホント？

七福神の紅一点の座を吉祥天と激しく争った

七福神の紅一点・弁財天は、実は日本神話の宗像三女神《むなかたさんにょしん》の「市杵《いちき》島《しま》姫《ひめの》命《みこと》」と、インド仏教の「弁才天」が合体したイメージです。二人の女神を結んだキーワードは、「美しい水の女神」でした。もともと弁才天は、ヒンドゥー教の河の神・サラスヴァティ―といい、財宝・美・音楽・芸能などをつかさどりました。奈良時代の仏教伝来からは、民間信仰の水神と同一視され、やがて水の神としても広く祀られます。宗像三女神は古くから海・航海の美しい神として有名で、弁才天もまた、美人と誉れ高い、河の神でした。両者が合体してからは、福徳金運、芸事上達の女神とされ、現在の「弁財天」が完成しました。サラスヴァティ―の芸能のイメージが先行してか、琵琶を奏でる妖艶な姿で、いよいよ人気が高まります。

七福神入団争いでも、やはり美人の吉祥天に競り勝ち、現在は正団員の位置をがっちり確保しています。

パーツ別 身体の健康のベストマップ

健康になりたい、身近な人の病気が治ってほしいという人は、
わたしたちの身体を司る神様にお願いをしてみましょう。
前向きな気持ちで願掛けをすることこそが、
元気に毎日を過ごすことの第一歩です。

【ご利益アイコン説明】

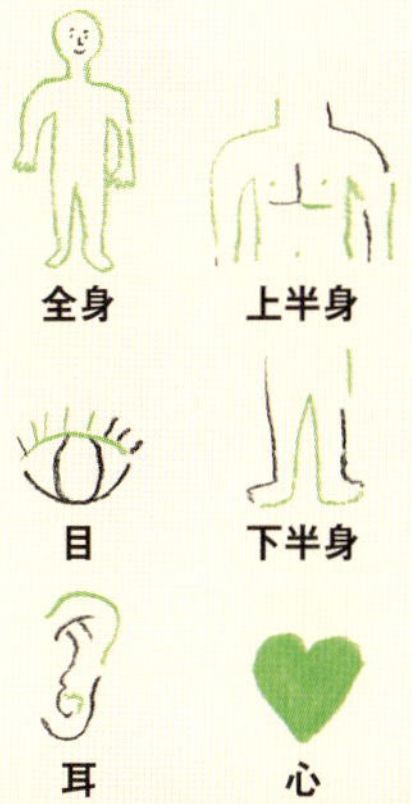

パーツ別 身体の健康のベストマップ

ぜんぶ巡れば心も身体も健やかに！

江戸庶民も頼りにした神様が健康増進のパワー発揮！

東京都内には、古くから名が知られている健康関連の神様が数多く祀られています。その信仰の由来は、ほとんどが江戸時代に庶民の間に広まった病気直しのご利益信仰が起源です。

当時の江戸庶民がもっぱら祈願したのは、都市生活者ならではの不安だった「火災」と「疫病」でした。火災を「災難」と置き換えれば現代の都市生活者にも共通しているといえます。

ということで、健康・病気直し祈願ともいえるこのマップには、江戸の面影を訪ねるという趣向も隠し味としてあるわけです。もちろん神社の周辺には現在の魅力的な立ち寄りスポットも豊富です。

例えば、牛嶋神社は東京スカイツリーのおひざ元、淡島堂は観光名所の浅草寺の境内です。新宿の稲荷鬼王神社は歌舞伎町の繁華街の一角に鎮座し、八耳神社がある赤城神社の近くには粋な雰囲気が漂う神楽坂。江戸時代に目黒不動尊の門前町として栄えた目黒にあるのが大鳥神社です。ぜひ、運動も兼ねて散策してみてさい。

江戸庶民の行楽地として親しまれた目黒不動尊

正式名「瀧泉寺」の本尊は諸災難除け明王さま。落語「目黒のさんま」は近くにあった参詣者が休憩所として利用していた茶屋が舞台だそうです。

赤羽駅
❽関神社・王子神社境内末社
王子駅
田端駅
西日暮里駅
池袋駅
❻淡島堂
高田馬場駅
❾八耳神社・赤城神社境内社
浅草駅
❸牛嶋神社
神楽坂駅
❺茶ノ木稲荷神社・市谷亀岡八幡宮末社
秋葉原駅
総武本線
新大久保駅
❶稲荷鬼王神社
東新宿駅
曙橋駅
市ヶ谷駅
新宿駅
水天宮前駅
東京駅
茅場町駅
❹高尾稲荷神社
笹塚駅
JR山手線
新橋駅
新代田駅
池ノ上駅
渋谷駅
恵比寿駅
中目黒駅
❷大鳥神社
目黒駅
東急東横線
学芸大学駅
❼八雲氷川神社
品川駅
五反田駅
都立大学駅
自由が丘駅
大岡山駅
鮫洲駅

鬼の中の王様がすべての災禍を祓って病魔を退ける！

稲荷《いなり》鬼《き》王《おう》神《じん》社《じゃ》

P95 MAP-❶

鬼といえば悪霊の権化、悪魔の一種というイメージですが、当社に祀られている「鬼は悪霊を祓う」といわれて、古くからすべての災禍を祓うパワーの持ち主として崇められています。

鬼のなかの「王様」ということから「鬼王様」と呼ばれ、諸病一切、特に湿疹・腫れ物に霊験あらたかといわれています。

鬼王様には豆腐を奉納して病気平癒を祈願するよいとされます。そのときには、患者（またはその代理者）が豆腐断ちし、神社で授かる「撫で守り」で患部を撫でると病気が治ると伝えられています。

祈願に際して授与していただく「撫で守り」は事前に申し込み、まじめに豆腐断ちをできる人だけに授与されます。

御朱印

【ご祭神】
宇賀能御魂命・月夜見命・大物主命・天手力男命

【ご利益一覧】
病気平癒・身体健康・開運招福・商売繁盛

Information
東京都新宿区歌舞伎町2-17-5
☎03-3200-2904
🚉都営大江戸線「東新宿」駅徒歩約4分

櫛のパワーが成人病を招く悪霊・魔物を追い払う！

大鳥神社

P95 MAP-❷

五穀豊穣の神様の日本《やまと》武尊《たける》を祀るこの神社は、目の病平癒の霊験あらたかとしても有名です。

日本武尊が東征の折、この地の産土神に戦勝を祈願され、部下の目の病が治るようにと祈って山ブドウの実を与えたところ、快癒したことが由来です。日本武尊は「盲神《めくらがみ》」と讃えたと伝わります。

また境内の「櫛塚」は、『古事記』神話にも登場する櫛の霊力にちなみ糖尿病・成人病・ボケ防止などに効験ありとされています。櫛は「奇《くし》」と書かれるように、魔除けのパワーがあるのです。

また当社は日本武尊の御神徳のひとつ、招福・商売繁盛のご利益を授かる酉の市でも有名です。

【ご祭神】
日本武尊・国常立尊・弟橘姫命

【ご利益一覧】
厄除開運・病気平癒・商売繁盛・縁結び

Information
東京都目黒区下目黒3-1-2
☎03-3494-0543
🚉JR山手線ほか「目黒」駅徒歩約8分

患部と撫で牛の同じ部分を撫でると効果アリ！

牛嶋神社

P95 MAP-❸

境内には拝殿の両脇など4基の牛像がありますが、拝殿前の右手にある、屋根が掛かっていて赤いよだれ掛けが印象的な臥牛像が、全身・心の病平癒などの祈願に訪れる人たちのお目当てです。

古くは「牛御前社」と呼ばれたことにちなんで、江戸中期に奉納されたものだそうで、当時から「撫で牛」として有名でした。自分の身体の悪い部分を撫でてから牛の同じ部分を撫でると病気平癒の効果があり、身体だけでなく心の病も治るといわれています。

また、よだれ掛けを奉納し、それを子どもに掛けると健康にすくすくと成長するという霊験も伝わっています。

【ご祭神】
須佐之男命・天之穂日命・貞辰親王命

【ご利益一覧】
病気平癒・健康長寿・安産子育・縁結び

Information
東京都墨田区向島1-4-5
☎03-3622-0973
🚉都営浅草線「本所吾妻橋」駅徒歩約3分

ご神体の頭蓋骨の霊力が薄髪・頭痛・心の病に効く！

高《たか》尾《お》稲《いな》荷《り》神社

ご神体として頭蓋骨を祀り、それが美女の霊と結びついて、病気直しの神様として信じられています。頭にまつわる悩み事（頭痛・ノイローゼ・薄髪など）に効験ありとされ、かつては願掛けのときに櫛を1枚借り受け、朝夕にお参りし、成就したらもう1枚櫛を添えて奉納するのがしきたりだったといいます。

万治2年（1659）、新吉原の遊女高《たか》尾《お》太夫（二代目）が、袖にし続けた仙台藩主伊達綱宗之の怒りを買って、斬り殺されて大川に流されたといいます。ご遺体が流れ着いた土地の人々が憐れんで、その霊を高尾大明神として祀ったのが起源と伝わります。

P95 MAP-❹

【ご祭神】
高尾大明神（高尾太夫）

【ご利益一覧】
頭のトラブル解消（頭痛・薄毛など）・心の病気平癒・縁結び

Information
東京都中央区日本橋箱崎町10-7
☎非公開
東京メトロ半蔵門線「水天宮前」駅徒歩約9分

茶断ちの祈願で眼病の霊験あらたかなり！

茶《ちゃ》ノ《の》木《き》稲荷《いなり》神社・市《いち》谷《がや》亀《かめが》岡《おか》八《はち》幡《まん》宮《ぐう》末社

江戸庶民の病気直し祈願のなかで、もっとも多かったのが眼病だったそうです。当社は『江戸名所花暦』には眼病の神と書かれ、『東都歳時記』には江戸でとりわけ参詣人を集めた、稲荷のひとつにあげられています。

今から一千年あまり前、空海が稲荷山と呼ばれていた丘に祀ったのが起源と伝わっています。昔、この地にいた稲荷大神のお使いの白狐が、あやまって茶の木で目をついたという故事から、心願成就のための「茶断ち」の習俗が生まれました。

特に眼病の人は17日、あるいは3×7日21日の間、茶を断って願えば霊験あらたかだそうです。

P95 MAP-❺

【ご祭神】
稲荷大神・保食神

【ご利益一覧】
眼病平癒・商売繁盛・芸事向上

Information
東京都新宿区市谷八幡町15
☎03-3260-1868
JR総武線ほか「市ヶ谷」駅徒歩約3分

婦人病から女性を救い安産・子授けのご利益も

淡《あわ》島《しま》堂《どう》

淡嶋明神は神道では、医薬・医療の神として有名な、少彦名命とされています。昔から「あわしま様」と呼ばれて庶民に親しまれ、特に婦人病の苦しみから女性を救う神様として有名でした。そのため、江戸の女性たちの間でも守り神として熱心に信仰され、女性の下半身の病気平癒、安産、子授け、裁縫上達などに霊験あらたかとされました。

起源は、江戸時代の元禄年間（1688～1703）に、淡嶋明神を崇敬する人たちが紀州加太（和歌山市）の淡嶋神社から分霊を勧請して、浅草寺の一隅に提供を受けてお堂を設けて祀ったことだといいます。

P95 MAP-⑥

【ご祭神】
淡島明神・阿弥陀如来・虚空蔵菩薩

【ご利益一覧】
女性の病気平癒・安産・子授け・裁縫上達

Information
東京都台東区浅草2-3-1
☎03-3842-0181（浅草寺）
東京メトロ銀座線ほか「浅草」駅
徒歩約5分

御神木の霊妙な病気直しのパワーが呪符に宿る

八《や》雲《くも》氷《ひ》川《かわ》神社

江戸時代から「癪《しゃく》封じの神」として信仰されてきました。癪というのは、胸や腹が急に痙攣して、激痛が起こる症状の総称です。原因不明の病気だけに、当時の人々の神頼みも切実だったようで、相模や下総などからも祈願者が参集したといいます。

江戸時代の当時の境内には、樹齢1000年にもなるご神木のアカガシがあり、その樹皮を煎じて飲むと効くとされていたそうです。今は枯死して、株だけが大事に祀られています。

現在はお札の中に納められている呪符を、少しずつちぎって飲むと、病気平癒の効果があると言い伝えられています。

P95 MAP-⑦

【ご祭神】
須佐之雄命・稲田姫命・大己貴命

【ご利益一覧】
病気平癒・厄除け・縁結び・商売繁盛

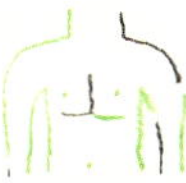

Information
東京都目黒区八雲2-4-16
☎03-3717-1601
東急東横線「都立大学」駅
徒歩約8分

「髪の祖神」とされる神様が毛髪の悩みを解消！

関神社・王子神社境内末社

ご祭神は平安時代の皇族、百人一首などで知られる歌人の蝉丸法師です。正式には関蝉丸《せきせみまる》といい、琵琶と和歌の名手であったことから、音曲・芸能の神とされていました。さらに、逆毛に悩む姉・逆髪姫のために侍女の古谷美女に命じて「かつら髪」を製作させたことから、「音曲諸芸道の神」とともに「髪の祖神」として崇められているのです。

本社は、滋賀県大津市の関蝉丸神社で、現在は芸能関係の琵琶・琴・謡曲関係者、時代劇のドラマや映画の関係者だけでなく、かつら製造業者、理美容関係者のほか、特に毛髪の悩みを持つ人がご利益を求めて参拝に訪れています。

P95 MAP-❽

【ご祭神】
関蝉丸・逆髪姫・古谷美女

【ご利益一覧】
毛髪守護・芸能上達・商売繁盛

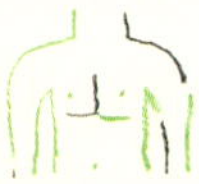

Information
東京都北区王子本町1-1-12
☎03-3907-7808
🚉JR京浜東北線ほか「王子」駅
徒歩約3分

聖徳太子の「聡い耳」から耳の病には八耳様！

八耳《やつみみ》神社・赤城神社境内末社

あの聖徳太子がなぜ耳の神なのか？ その理由は、まず太子の別名である「上宮厩戸豊聡八耳命《うえつみやのうまやとのとよやつみみのみこと》」から、「八耳様《やつみみさま》」と通称されたことです。さらに、大工の祖神である太子が発揮する「聡い耳」の能力にあやかって、江戸庶民の間に耳の病にご利益があるという信仰が広まったことによります。

耳の病だけでなく、悩み事の解消にも効果があるとされ、祈願するときは「八耳様・八耳様・八耳様」と3回唱えてからお参りすると、聡明な知恵と、病気平癒のご加護が授かれるそうです。毎日お参りする病気の方もいらっしゃいます。戦火で焼失する前は、「太子堂」と呼ばれていました。

P95 MAP-❾

【ご祭神】
上宮之厩戸豊聡八耳命（聖徳太子）

【ご利益一覧】
病気平癒・身体健康・知力向上

Information
東京都新宿区赤城元町1-10
☎03-3260-5071
🚉東京メトロ東西線「神楽坂」駅
徒歩約1分

ペットの守り神のベストマップ

大切な家族の一員であるペットにも、神様のご加護がありますように。
絆がもっと深まり、大切な健康祈願や祈祷を行ってくれる
関東一円にある守り神の神社が大集合！
ペット同伴可能な神社もあるので、ぜひ一緒にお参りを。

【ご利益アイコン説明】

犬　猫

ペットの守り神のベストマップ

犬、猫、動物とさらに絆が深まる！

愛犬の健康や長寿の祈願 迷い猫の帰還が叶う！

　このベストマップではペット愛好家向けで、都心だけでなく奥多摩の神社もあります。ペットを愛する人にはとても残念なことですが、昔から神社仏閣は家で飼っている犬や猫（飼い主にとっては家族同然だったとしても）を連れての参拝が禁止されていました。

　とはいえ、現在では、積極的にペットの犬猫の参拝をすすめる神社も現れ、比較的ペット同伴でお参りできる神社も増えてきました。ペット専門の守り神を祀り、あるいは迷い猫探しのご利益が授かれる神社などもあります。

　そんな神社で、日本橋界隈散策が楽しめるのが、三光稲荷神社です。豊川稲荷東京別院のすぐ近くにある三喜井稲荷神社は清水谷公園やホテルニューオータニなどの寄り道スポットです。JR市ヶ谷駅からすぐの市谷亀岡八幡宮は靖国神社も徒歩圏内です。

　武蔵御嶽神社の場合は、都心を離れて奥多摩の自然を楽しむ手軽なハイキングの心づもりで出かけましょう。こちらはもちろん、ペット同伴での参拝が可能です。

ペット同伴OKで参拝できる神社も

神社はペットの境内の立ち入りお断りが一般的ですが、同伴参拝や、散歩OKの神社も。マナーは神社により異なるので、ぜひ一度確認を。

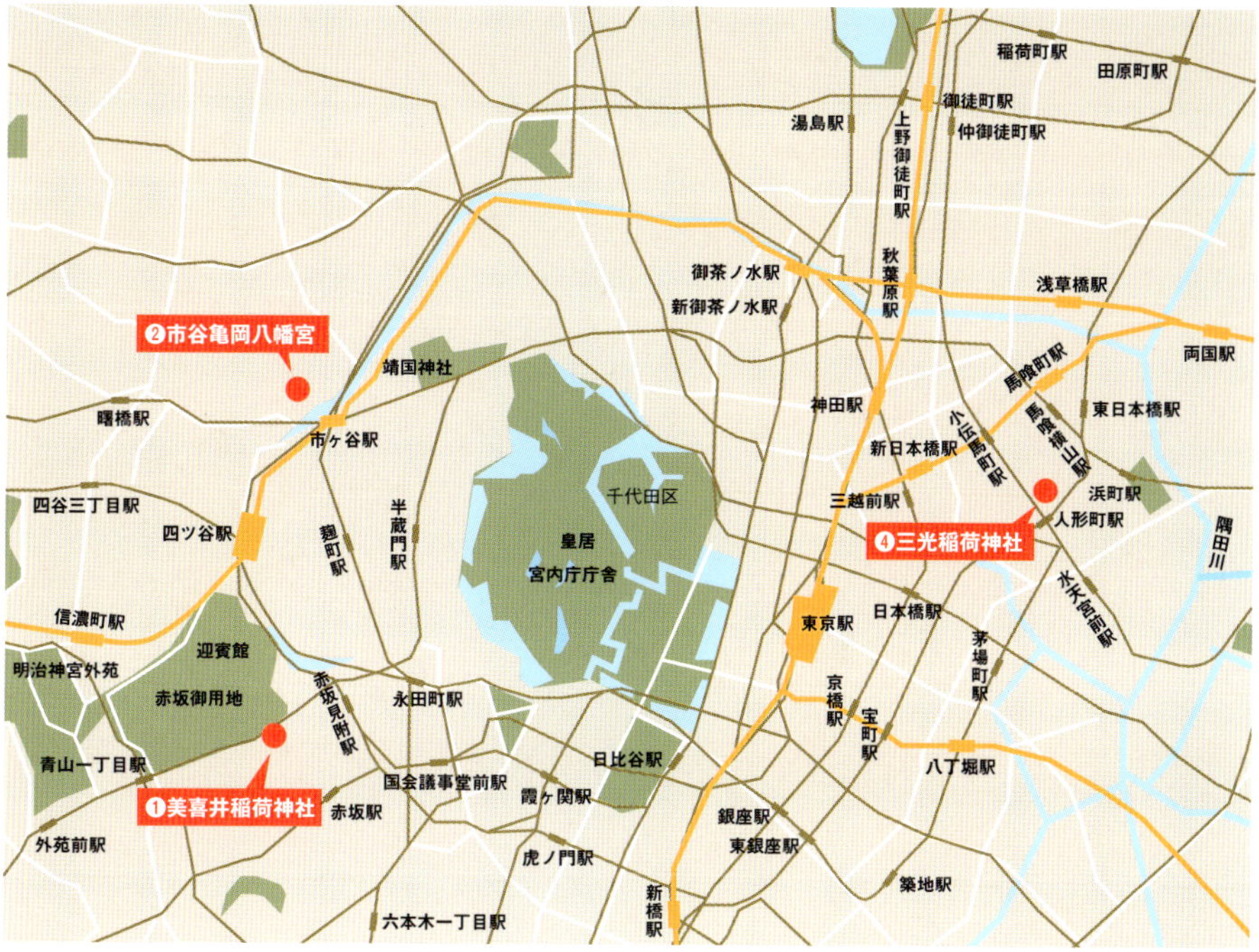
稲荷町駅
田原町駅
御徒町駅
湯島駅
上野御徒町駅
仲御徒町駅
秋葉原駅
御茶ノ水駅
新御茶ノ水駅
浅草橋駅
両国駅
❷市谷亀岡八幡宮
靖国神社
曙橋駅
市ヶ谷駅
神田駅
馬喰町駅
東日本橋駅
小伝馬町駅
馬喰横山駅
新日本橋駅
四谷三丁目駅
半蔵門駅
千代田区
浜町駅
四ツ谷駅
麹町駅
皇居
宮内庁庁舎
三越前駅
人形町駅
❹三光稲荷神社
隅田川
信濃町駅
東京駅
日本橋駅
水天宮前駅
迎賓館
明治神宮外苑
茅場町駅
赤坂御用地
赤坂見附駅
永田町駅
京橋駅
宝町駅
青山一丁目駅
日比谷駅
八丁堀駅
国会議事堂前駅
霞ヶ関駅
❶美喜井稲荷神社
赤坂
銀座駅
東銀座駅
外苑前駅
虎ノ門駅
築地駅
新橋駅
六本木一丁目駅

JR青梅線
古里駅
川井駅
惣岳山
白丸駅
沢井駅
青梅市
二俣尾駅
御嶽駅
石神前駅
西多摩郡
日向和田駅
宮ノ平駅
青梅駅
❸武蔵御嶽神社
麻生山
大岳山
日の出町
日の出町役場
武蔵五日市駅

キツネでなくて猫像ばかり
愛好家にはたまらない猫の守り神

美《み》喜《き》井《い》稲《いな》荷《り》神社

P103 MAP-①

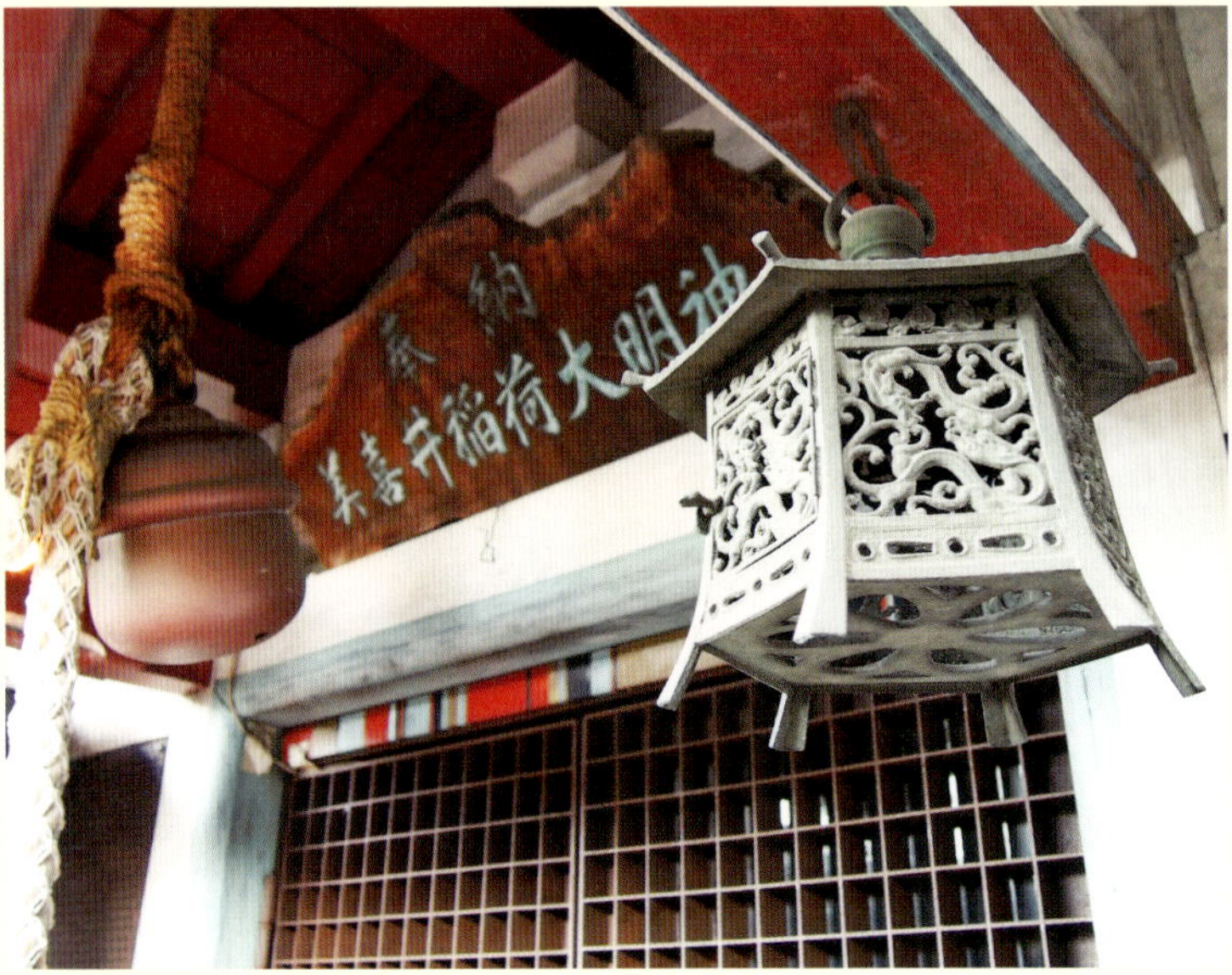

　赤塚見付から青山通りを渋谷方面に進んだ右側にある赤坂豊川稲荷の向かい側に位置するビルの中2階に鎮座しています。こんなところに？　という感じのまさに「町のお稲荷さん」ですが、知る人ぞ知る、特に猫好きには「（ペットの）猫の守り神」として有名な神様です。由緒書きには、その霊験を発揮するのは「比叡山から御降りになった徳の高い神さま」とあります。稲荷神社とはいえ、当社には狐でなくて猫ばかりで、狛猫の背後に「美喜井稲荷　諸大眷神」という額が掛かっています。どうも当社では猫がお稲荷さんの神使の立場にあるようです。理由は不明ですが「祈願する方は蛸を召し上がらぬように」と説明書きがあります。

猫は神様のお使いとしてこの場所にいます。火事から猫に命を助けられた人も

【ご祭神】
稲荷神

【ご利益一覧】
ペット（猫）の守護

Information
東京都港区赤坂4-9-19
☎非公開
🚃東京メトロ丸ノ内線ほか
「赤坂見附」駅徒歩約10分

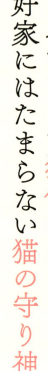

犬や猫から小鳥やイグアナなど 大事なペットと一緒に参拝

市《いち》谷《がや》亀《かめが》岡《おか》八幡宮

P103 MAP-②

ペットを連れて有名芸能人が参拝している様子がマスコミの話題に取り上げられるなど、人気のペット守護の神様です。家族として暮らしているペットの祈祷が受けられるお宮は、全国でもまだまだ少ないのが実情ですが、そんななかで積極的に参拝を受け付けていて、愛好家の間では大きな魅力となっています。犬や猫に限らず、ウサギ、小鳥、フェレット、イグアナ、ヤギなど飼い主にとって大事な動物ならすべて一緒に参拝できます。普段の参拝はもちろん、初詣、七五三、ペットの健康や交通安全、子宝などペット専用のご祈祷メニューもあります。ご祈祷を受けるには予約が必要。神社HPで参拝マナーや式次第などを知っておくとよいでしょう。

御朱印

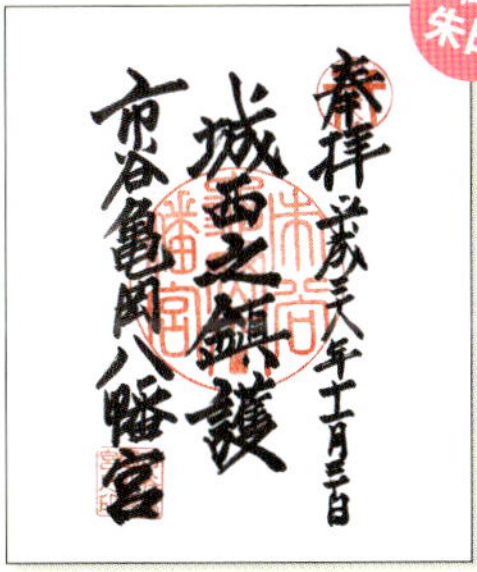

【ご祭神】
誉田別命・気長足姫尊（神功皇后）・與登比売神

【ご利益一覧】
ペット守護・厄除開運・健康長寿・病気平癒・怪我回復・手術成功

Information
東京都新宿区市谷八幡町15
☎03-3260-1868
JR総武線ほか「市ヶ谷」駅徒歩約3分

盗難・魔除けのおいぬ様が愛犬の健康を守ってくれます

武《む》蔵《さし》御《み》嶽《たけ》神社

P103 MAP-❸

盗難除け・魔除けの神「大口真神」を祀っているので、古くから「おいぬ様のみたけ山」として、広く関東一円を信仰圏として崇敬を集めてきました。

最近は「おいぬ様（本当は日本狼です）」にちなんで、愛犬の健康を願う参拝者が増えています。

奥多摩に位置する御岳山（標高929m）の山上にあるだけに、ハイキング気分でペットと一緒に楽しくお参りする人の姿が多くみられます。

ただ、ペットOKとはいえ、参拝者のなかにはワンちゃんが苦手の人もいますから、くれぐれもマナーを守って参拝してくださいというのが神社のお願いです。

【ご祭神】
大口真神

【ご利益一覧】
ペット(犬)の守護

Information
東京都青梅市御岳山176
☎0428-78-8500
🚉JR青梅線「御嶽」駅より西東京バス「ケーブル下(終点)」下車後、ケーブルカー「御岳山」駅徒歩約25分

迷子になった時に願えば失せ猫探しの霊験発揮！

三《さん》光《こう》稲《いな》荷《り》神社

P103 MAP-❹

古くから、猫が行方知れずになった時に祈願すれば霊験ありと信じられてきた「失せ猫探し」の神様です。

愛猫が迷子になって戻って来ないと悲しんでいるという話はしばしば耳にします。そんな悩みの解消に特化したユニークなご利益が知られているだけに、全国から加護を求める手紙が多く舞い込んでいるそうです。

表通りに立つ神社の社号標は、迷子になった愛猫の帰還を祈願した人が寄進したもの。境内には無事に猫が戻ってきたお礼として奉納するのが習わしになっている招き猫が数多く並んでいて、その効き目がうかがえます。

【ご祭神】
三光稲荷大神

【ご利益一覧】
失せ猫探し

Information
東京都中央区日本橋堀留町2-1-13
☎非公開
🚉東京メトロ日比谷線ほか「人形町」駅徒歩約5分

最強厄除けのベストマップ

「最近なんだかうまくいかない……」
日々の不調や転換期のそんな不安をバッサリ払拭してくれる、
強力な厄除け・縁切りに特化した神社を集めました。
行けばきっと心が軽くなる、力強い神社ばかりです。

【ご利益アイコン説明】

悪縁切り・厄除け

最強厄除けのベストマップ

うまくいかないときは災厄・悪縁をバッサリ！

しがらみや未練を断ち切り再出発の願いが叶う！

縁結びの祈願神社は、本書でも2つのコースで取り上げているように数多くあるのですが、厄除けや縁切りの専門的なご利益発揮の神社となりますと、東京はもちろん全国的にみても数はそう多くはありません。というわけでこの祈願に関しては、特別に広く関東一円に足を延ばすことになります。

まず都内では、板橋区の板橋本町商店街の一角にある「縁切り榎」、

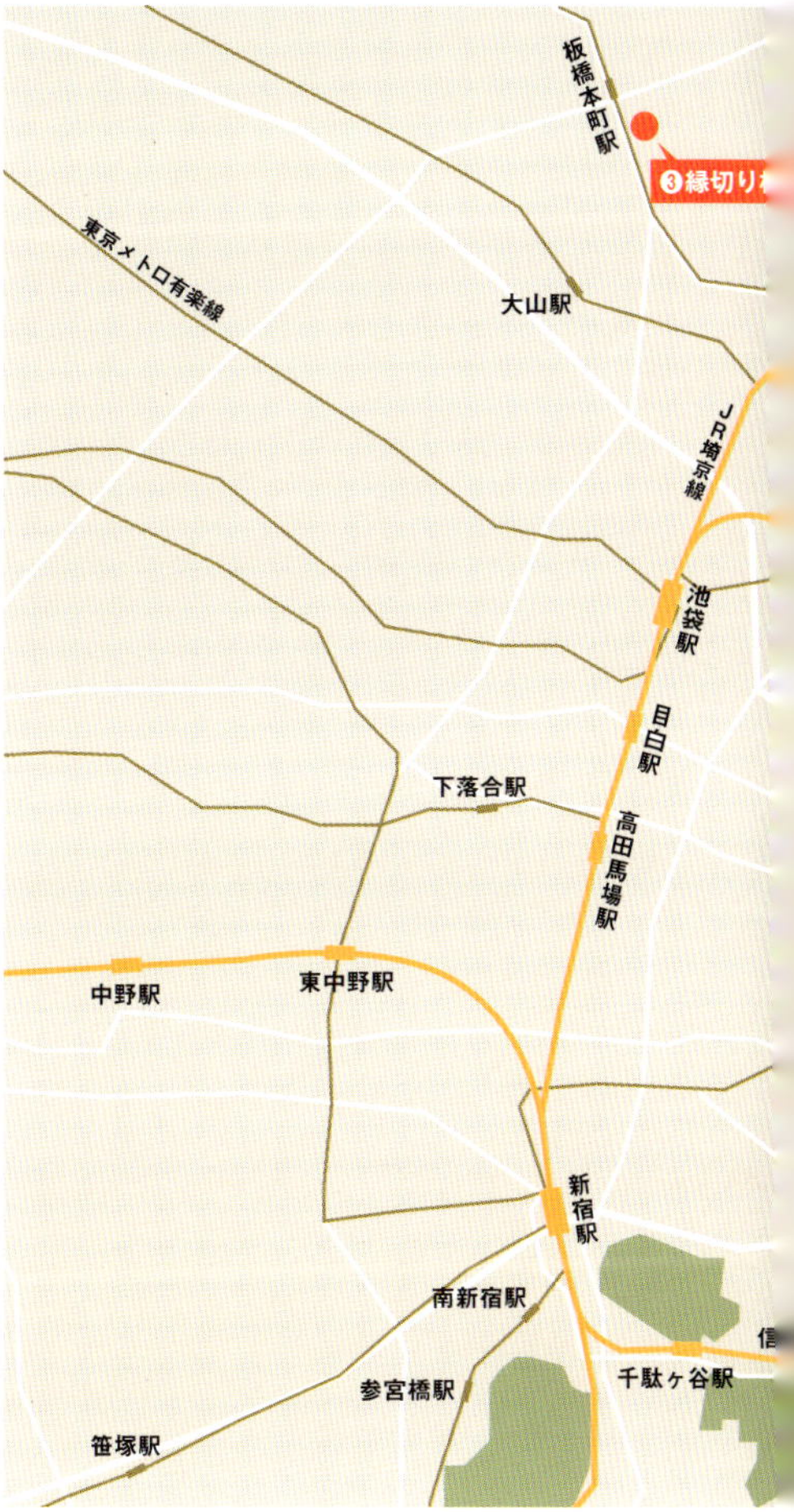

八丁堀の静かな住宅街の中にある於岩稲荷田宮神社、そして豊川稲荷東京別院境内の叶稲荷尊天があります。

全国にも知られる神社のひとつ門田稲荷神社のある栃木県足利市には国指定史跡の「足利学校」、三狐稲荷神社は特産のひな人形で知られる埼玉県鴻巣市にあります。茨城県鹿嶋市の鹿島神宮へは東京駅から高速バスも出ています。近くには俳聖・松尾芭蕉が月見に来たことで知られる古刹・根本寺などもあります。

お百度石は願掛け・厄除けにも効果が

切実な願掛けのとき、何度も参拝することで心願成就を願う「お百度参り」。悩み事や厄除けにも効果的とされています。

悪縁や悪癖切りを祈願すれば再出発が叶う「日本三大縁切稲荷」！

門田《かどた》稲荷《いなり》神社

P109 MAP-①

悪縁や悪癖が切るように祈願すれば、悩ましいしがらみから解放されて、新たな出会いと再出発が叶う神様として信じられていることから通称「縁切稲荷」と呼ばれます。男女間や人間関係、病気、たばこ、酒、ギャンブルなどの悪縁・悪癖と縁を切って、新たな再出発の良縁パワーを授かりたいと願う参拝者が数多く訪れます。もちろん一番目立つのは男女間の悩みで、三角関係の「ふさわしくない方」の縁切りを願う絵馬なども見られます。

当社は源義家が戦勝祈願して創建したとされる下野國一社八幡宮の境内に鎮座し、霊験は古くから知られ、京都の伏見稲荷大社、東京の縁切り榎と並び「日本三大縁切稲荷」のひとつに数えられます。

御朱印

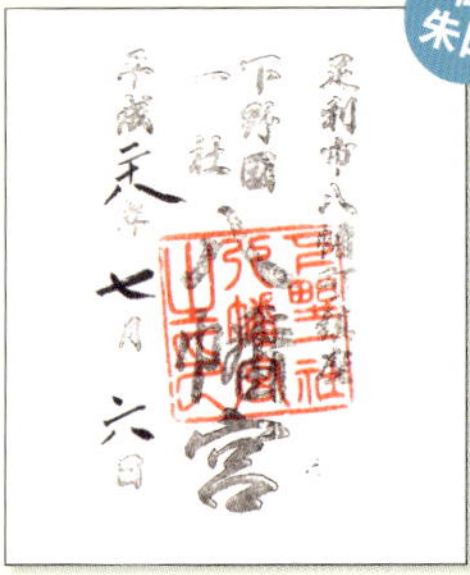

【ご祭神】
倉稲魂神

【ご利益一覧】
悪縁・悪癖切り・良縁・開運・商売繁盛・無病息災・家内安全・安産

Information
栃木県足利市八幡町387
☎0284-71-0292（下野國一社八幡宮）
東武伊勢崎線「足利市」駅 徒歩約23分

四谷怪談「お岩さん」は本当は「貞女の鑑」だった！

於《お》岩《いわ》稲荷《いなり》田《た》宮《みや》神社

P108 MAP-❷

四谷怪談「お岩さん」にゆかりの神社です。実在の人物のお岩さんは大変働き者で、屋敷神のお稲荷様を日々熱心に拝み、その加護で貧しかった家の財政を立て直し「貞女の鑑」として称えられました。

　そこから亡くなって後に厄除や富と幸福を招く福神として人々から崇められ、彼女の守り神であった稲荷社に合祀されたのです。

　そして当時から家内安全・家運隆盛や縁結びのご利益で知られていましたが、於岩没後、二百年ほどの頃、「東海道四谷怪談」（鶴屋南北作）が上演されると、無事安全・芸能上達の神様としても歌舞伎俳優からも信仰され、今日に及んでいます。都内・豊島区西巣鴨の妙行寺には、今も於岩様・田宮家代々の墓があります。

中央区指定有形文化財の鳥居やお百度石もあり、なでれば厄除けに霊験あらたか

【ご祭神】
豊受比売命（豊受大神＝稲荷神）・田宮於岩命

【ご利益一覧】
厄除け・良縁・開運招福・家内円満・無事安全など

Information
東京都中央区新川2-25-11
☎非公開
🚉東京メトロ日比谷線ほか「八丁堀」駅徒歩約10分　または、東京駅から都営バス「新川二丁目」徒歩約3分

皇女・和宮も不縁を恐れた恐るべき縁切りパワー！

縁《えん》切《き》り榎《えのき》

【ご祭神】
榎の樹霊

【ご利益一覧】
悪縁切り・断酒・縁結び・病気平癒

幕末の皇女・和宮は、嫁入りの際に、「縁切り榎」の樹を「男女の縁が切れないように」と迂回したというエピソードがあるほど、強力と信じられています。

江戸時代の地誌『新編武蔵風土記稿』によると、縁切り榎は「世ニ男女ノ悪縁ヲ断絶セントスル」霊木で、祈願すれば必ず叶ったと書かれています。古くから、男女の悪縁切りを願う人が多く訪れ、また「悪を切って良に転じる」ことから、難病と縁を切りたいという祈願も、時代を経るにつれ多くなっていったようです。

境内に授与所がないので、絵馬は付近の榎大六天神奉賛会の店舗などで授与されています。

Information
東京都板橋区本町18
☎非公開
都営三田線「板橋本町」駅徒歩約5分

P109 MAP-③

都心の縁切りスポットは困難や災厄除けの霊験も！

叶《かのう》稲《いな》荷《り》尊《そん》天《てん》・豊《とよ》川《かわ》稲《いな》荷《り》東《とう》京《きょう》別《べつ》院《いん》

【ご祭神】
叶稲荷尊天

【ご利益一覧】
縁切り、悪因縁除け、開運招福

赤坂豊川稲荷の境内には、たくさんの稲荷社があって幟が建ち並んでいます。それだけに参拝していると、熱心に思い思いの願掛けに訪れる人たちの祈念が充満している感じで、何やら神秘的なパワーが体に浸み込んできそうです。

そのお稲荷さんのなかでも、境内の奥まったところに祀られているのが「叶稲荷尊天」です。都心では貴重な縁切りスポットとして人気があります。

悪縁を断つだけではなく、悪縁によってもたらされるさまざまな困難や、災難を避けてくれるパワーを発揮すると信じられています。もちろん、開運招福を願う人も参拝しています。

Information
東京都港区元赤坂1-4-7
☎03-3408-3414
東京メトロ銀座線ほか「赤坂見附」駅徒歩約5分

P108 MAP-④

お稲荷様のパワーを代理する三狐が良縁を結び悪縁を断つ

三《さん》狐《こ》稲荷《いなり》神社・鴻《こう》神《じん》社《じゃ》境内社

P109 MAP-5

悪い縁を切り、良縁を招く天狐・地狐・人狐の三狐を祀るお稲荷様です。恋愛・結婚・受験・就職・人間関係などにまつわる良い縁を結び、悪癖・悪習慣・悪い人間関係などの悪い縁を断つご利益があると信じられて多くの参拝者を集めています。

「三狐」は「ミケツ」とも読みますが、稲荷神の代理としてあらゆる現場で、さまざまな悪縁に苦しみ、良縁を求める人々に救いの手を差し伸べるのが役割です。

一般に、キツネは「お稲荷さんのお使い」とされていますが、ここではれっきとした神様です。小さな狐像「お狐」に願い事を書いて奉納してみましょう。

【ご祭神】
三狐稲荷神（天狐・地狐・人狐）

【ご利益一覧】
悪縁・悪癖切り・良縁・開運・商売繁盛

Information
埼玉県鴻巣市本宮町1-9
☎048-542-7293
JR高崎線「鴻巣」駅徒歩約8分

人生のターニングポイントに邪魔な悪縁をバッサリ!!

鹿島神宮

P109 MAP-6

ご祭神である武甕槌命《たけみかづちのみこと》は、『国譲り神話』で、天照大神《アマテラスオオミカミ》の使者として地上に降り、大国主命に地上の支配権との「縁をきっぱりと切る」ように決断させるという功績をあげました。本来は剣神で、近世までは軍神として戦勝の守護神として崇敬されたとってもパワフルな神様です。

ご神体である霊神の威力は稲妻が天空を切り裂くように、あらゆる物を「断ち切る」パワーを発揮します。もちろん、本来が破邪の剣ですから、その霊力は人を悩ませ苦しめる悪い縁を断ち切るとされているのです。特に、人生を転換するターニングポイントに霊験あらたかです。

【ご祭神】
武甕槌大神

【ご利益一覧】
厄除け・出世開運・勝運・仕事運・武道上達

Information
茨城県鹿嶋市宮中2306-1
☎0299-82-1209
東京駅八重洲南口より高速バス約2時間

あなたの願いを叶える

お悩み解決神社

日本の神様は人々の願い事に
ていねいに細やかに対応するのが大きな特徴で
だから頼りになるといってもいいくらいです。
もちろんあなただけのとても個人的な悩みだって
しっかりと解決してくれます。

玉の輿に乗りたいなら芝大神宮の「千《ち》木《ぎ》筥《ばこ》」を買え！

タンスにしまっておけば着物が増える事が転じて

財力のある良縁に恵まれる女性の幸福守り！

江戸のシンデレラ、元祖「玉の輿」の春日局《かすがのつぼね》が参詣した頃から存在し、現在も人気のお守りが『千木筥（ちぎばこ）』（1200円）。芝大神宮オリジナルのもので、祭礼の時に季節の果物を盛る器・千木筥を模した、高さ10㎝ほどのちょっと大きなお守り。〝千木〟が語呂合わせで〝千着〟となることから、「着る物が増える」＝「財力のある良縁に恵まれる」とされ、女性の幸福守りとして人気です。

Information
東京都港区芝大門1-12-7
☎03-3431-4802
🚃都営大江戸線ほか「大門」駅
徒歩約1分

就活生の救世主！内定が欲しいなら「前《さき》鳥《とり》神社」！

やりたい仕事を見つけたい人も一度頼ってみたら！

就職成就や資格取得の祈願にはぴったりの神様！

前鳥神社の前鳥大神様は、日本で最初に学問の道を開き、大陸伝来の産業技術を取り入れて経済の発展に寄与し、多くの雇用を生み出したことから「就職の神」と呼ばれています。本当にやりたい仕事に就きたいと思っている人の「就職成就」や「資格取得」の祈願にはまさにぴったりの神様です。こちらで出されている「就勝守」は、郵送も受けつけているので、遠方の方も是非。

Information
神奈川県平塚市四之宮4-14-26
☎0463-55-1195
JR東海道本線「平塚」駅からバス「前鳥神社前」徒歩約3分

安産のほか、精力増強も!? 性の悩みに心強い「客《まろう》人《ど》大《だい》権《ごん》現《げん》」（現白髭神社）

知る人ぞ知る真心こめて拝めば幸福の効き目は確か

ご神体が男根形の陽石で女性の縁結びや子授け祈願

江戸時代には芝居関係者、遊郭、飲食店などの接客サービス業者から千客万来の霊験あらたかとされていた神様。ご神体のひとつに男根形の陽石を祀っていると伝えられ、女性の縁結びや子授け、安産の願いも叶うとされて大いに人気を集めたといいます。かつては花柳界の信仰も厚く花柳病に貢献ありとして知られ、今日では精力増強など性の悩みなどの解消に頼りになると信じられています。

Information
東京都葛飾区東四つ木4-36-18
☎03-3692-0753
京成電鉄押上線「四ツ木」駅徒歩約7分

禁酒・禁煙・悪癖直し……デトックスには来宮神社の通称「忌《きの》宮《みや》」がすごい！

断ち物の信仰
迷いが消えて
悪癖切りの
成功者は多数

神様に約束してきちっと守れば心も体も健全になる！

「来宮」＝「忌の宮」で禁酒、禁煙、禁賭博、禁薬物、さらにはダイエットの大敵の禁甘味など、悪癖直しに霊験あらたかとして古くから有名な神様です。もともとは「禁酒の」神様として広く信仰され、今も毎日禁酒祈願に来る人もいるほどです。境内の樹齢2000年超のご神木「大楠」が強力なパワースポットで、願いを込めて一周するときっと願望成就のご利益があるとされています。

Information
静岡県熱海市西山町43-1
☎0557-82-2241
JR伊東線「来宮」駅
徒歩約3分

「美《び》女《じょ》神社」なら名の通りたちまち美人に大変身！

子供のようにスベスベの美肌効果が期待できる！

ご祭神は、美人の誉れ高い市杵《いちき》島姫命《しまひめのみこと》で、この女神は女性の「美しさ」追及の願望を叶える神様として知られます。だから「美女」という社名も納得。ですが、本来は子どもの守り神で、水疱瘡や麻疹に霊験ありとして篤く信仰され、病気が平癒したあとに痕が残らずすべすべの美肌が保たれると信じられました。そこから今では祈願すれば美肌効果が高く美人になれるという信仰が。

ご祭神は美人
の誉れ高く
美の神として
有名な女神

Information
埼玉県朝霞市田島2-16-33
☎048-471-3401（神明神社）
東武東上線「朝霞」駅より
国際興業バス「朝霞田島」徒歩約1分

人探し転じて失せ物も見つかるとの評判の湯島天満宮の「寄《き》縁《えん》氷《ひょう》人《じん》石《せき》」

もとは迷子探しの伝言板が人やモノとのご縁を結ぶ

もとは迷子になった子どもの名を書いた紙を貼って探した「迷子しらせ石標」の名残り。「奇縁」には人と人とを結び合わせるという意味があり、「縁を結ぶ」という評判を呼んだことから、縁結びのみならず、モノ探しでお参りする人もいます。見知らぬ人とのご縁まで結ぶというので、恋人が欲しいという人にもうってつけ。誰かや、何かを見つけ出したい人にはぴったりの、ありがたい奇石なのです。

大切な人や大事なモノと良きご縁を結んでくれる

Information
東京都文京区湯島3-30-1
☎03-3836-0753（湯島天満宮）
東京メトロ千代田線「湯島」駅徒歩約2分

ここぞというとき晴天快晴！雨女の称号を返上「気象神社」！

いつも天気に恵まれないと不安な人は悩み解消を

気象現象を制御する神様が「晴」の運気をアップ！

旅行やイベントなどの楽しみの高揚感をトーンダウンさせがちな「雨女」や「雨男」を自認している人はけっこう多いはず。うれしくない運気だけに、なんとか払いのけたいと思う人は、ぜひ参拝してみるとよいでしょう。あらゆる気象現象をコントロール神様が「晴女」「晴男」へと運気をアップします。気象神社のマスコットキャラクターは「てるてる君」、願い事は「下駄絵馬」に書いて奉納。

Information
東京都杉並区高円寺南4-44-19
☎03-3314-4147（高円寺氷川神社）
JR中央線ほか「高円寺」駅徒歩2分

「高《たか》家《べ》神社」にお参りすれば、料理が上達するかも!?

失敗をしたくない、うまく料理をしたいと願う人は…

日本の料理の祖神に願えば美味しさに自信がつく!

日本の神様の中でも珍しい存在の料理の神様「磐鹿六雁命《いわかむつかりのみこと》」が祀られていて、包丁人の祖神として崇められ、料理店や醤油など調味料関係の守護神とされています。ご祭神は第12代の景行天皇が浮島を行幸した際にお伴して、自ら釣った魚や蛤を料理して天皇を喜ばせたと伝えられています。料理人志望者や料理業界の人々がこの場所を訪れ、婚活女子にも人気の「料理上達御守」は800円。

Information
千葉県南房総市千倉町南朝夷164
☎0470-44-5625
JR内房線「千倉」駅
徒歩約25分

女性必見!!「美白神社」と呼ばれる「上《かみ》神《しん》明《めい》天《てん》祖《そ》神社」へ行くべき!

楽しく参拝いろいろとご利益だって授かれる

心願成就や除災招福ご利益はオールマイティ!

珍社マニアご用達の聖地とも呼ばれる手づくり感の激しい白稲荷様や、はてはドラゴン（!）が祀られている変わった神社。「東京の白蛇様」として知られる白蛇大神と弁天様のお使いの竜（辰）が祀られ、「己が辰＝立身出世」をはじめご利益自体はオールマイティ、なかでも女性必見なのが美白祈願のご利益。新しくできた「撫で白蛇」の像を撫でてからお参りすると「美人」の願いが叶う。

Information
東京都品川区二葉4-4-12
☎03-3782-1711
東急大井町線ほか「中延」駅
徒歩約5分

接待前にスコアアップを神頼み！ゴルフがみるみる上達する「鷲《おおとり》神社」

めざせ
イーグル（鷲）
コンペ優勝も
夢じゃない

ゴルフ雑誌にも載っている「ホールインワンが出る」？

「今年は100を切れますように！」「シングルになれますように！」「仕事や接待でゴルフを上達させたい……」。そんな願いを叶えるゴルフの願いが叶う神社。鷲神社の「鷲」を英語表記すると「イーグル」。ゴルフの技術向上、飛距離アップを祈願した「ゴルフ守」が奉納されています。実は、この「ゴルフ守」人気をけん引しているのは、健康志向の女性プレーヤーだとか。

Information
東京都台東区千東3-18-7
☎03-3876-1515
東京メトロ日比谷線
「入谷」駅徒歩7分

あの寅さんも願掛けをして成功！「小《お》野《の》照《てる》崎《さき》神社」が強力

強力な
願掛けパワーで
仕事や出世の
運がアップ

俳優・渥美清が参拝して神様に堅く誓ったのは…

映画『男はつらいよ』の車寅次郎役の渥美清が無名時代に、まったく仕事がなくて「自分には才能があるのに、なんで売れないのだろう？」と悩んでいたとき、友人に勧められて参拝。「大好きなたばこを一生吸いません。どうか仕事をください」と祈願したところ、すぐに寅さん役が舞い込み、一躍有名になったという。もとは学問と芸能の神様だが、仕事の勝運アップにも強力なご利益を発揮。

Information
東京都台東区下谷2-13-14
☎03-3872-5514
東京メトロ日比谷線
「入谷」駅徒歩3分

ゴールド免許にあやかれる？ 黄金に輝く亀ヶ池八幡宮境内社の「ゴールド神社」

鳥居も祠も
金ぴかなのは
優良運転者の
金メダルなのだ

週末や休日にはお祓いを受ける車が並ぶ！

カタカナの名前というのは神社として違和感があるし、しかも鳥居も祠も金ぴかとくれば、誰でもお金関係？　と思うはず。ところが、よく見れば鳥居の横に「交通安全祈願」の幟が立っています。実は無事故・無違反の勲章であるゴールド免許をめざすドライバーを守護するために祀られた交通安全の神社なのです。特に春先には幼稚園や保育園の通園バス、消防車、救急車がお祓いに訪れます。

Information
神奈川県相模原市中央区上溝1678
☎042-751-1138（亀ヶ池八幡宮）
JR相模線「上溝」駅
徒歩約10分

裁縫も上手になれるとウワサ！ 浅草寺の「淡《あわ》島《しま》堂《どう》」で女子力アップ

芸事上達など
女子に関する
いろいろな事に
霊験あり

2月8日の「針供養」には多くの女性たちが参集

「あわしま様」は、昔から女性の守り神、特に女性の下半身の病気平癒のご利益で有名ですが、裁縫の神様としての信仰も厚いです。毎年2月8日に行われる「針供養」には多くの女性たちが参集。日ごろ使って折れた針を柔らかい豆腐に差して感謝し、今後の裁縫の上達を祈ります。豆腐に差すのはいつも固いものに刺された労苦をねぎらう意味。お堂に向かって右手に「魂針供養の碑」があります。

Information
東京都台東区浅草2-3-1
☎03-3842-0181（浅草寺）
東京メトロ銀座線ほか
「浅草」駅徒歩約5分

迷い猫が戻ってくる!?「蚕《こ》影《かげ》神社」は通称「猫返し神社」

ある日突然
愛する猫が
姿を消したら
ここで祈願を

とにかく願掛けをしたらひょっこり戻った猫も

　別名「猫返し神社」と呼ばれ、猫返しのご神徳があるといわれます。境内には狛犬ならぬ狛猫が鎮座。そのそばには、ある日突然姿を消したペットの猫に「戻ってほしい！」と願う飼い主の切実な気持を託した絵馬が掛かり、行方不明になった猫の安全・発見を祈願する参拝者の姿が多く見られます。非常にニッチな願いを聞き入れてくれる神社には、北海道や四国など遠方からの問い合わせが。

Information
東京都立川市砂川町4-1-1
☎042-536-3215（阿豆佐味天神社）
JR中央線「立川」駅から
立川バス「砂川四番」
徒歩約12分

クイズ王になりたいなら「久《ひさ》伊《い》豆《ず》神社」が大正解！

クイズ神社は
一発勝負の
運気アップも
期待できる

テレビで有名になってからクイズマニアの聖地に

　埼玉県にある久伊豆神社は「くいず」と読めることから、いつしかクイズ神社と呼ばれるように。特に１９８７年に放映された第11回アメリカ横断ウルトラクイズの予選会場に、当社が選ばれたことでたちまち全国的な脚光を浴びて、番組参加のクイズマニアや視聴者の聖地として大人気に。今でもクイズ番組の製作者は必ずここへお参りするのだとか。ここ一番の勝負事のご利益も評判です。

Information
埼玉県さいたま市岩槻区宮町2-6-55
☎048-756-0503
東武アーバンパークライン
「岩槻」駅徒歩約15分

シンデレラのガラスの靴まで！
靴祭や窟《くつ》供養が行われる

「玉《たま》姫《ひめ》稲《いな》荷《り》神社」

人生の足元が
危うくならないように
靴に感謝する！

**地場産業発展の守り神で
縁結びのご利益も**

シンデレラの大出世だってガラスの靴から。履き古した靴を無造作に棄てていませんか？　靴好き必見なのが「靴の神社」として親しまれるココ。毎年4月と11月の最終土日に行われる「靴の恵み祭り市」には、王冠に鎮座する巨大なハイヒールと革靴を祀った神輿が登場して祭りを盛り上げます。古靴を供養して足の健康を祈願するお焚き上げの神事やプロによる靴選びアドバイスも人気です。

Information
東京都台東区清川2-13-20
☎03-3872-3411
JR常磐線ほか
「南千住」駅徒歩約12分

元祖「交通安全」の発祥地
ドライバーなら

「谷《や》保《ぼ》天《てん》満《まん》宮《ぐう》」

にお参りを！

世界に誇る
日本の
自動車文化
の始まり
ここが聖地だ！

**日本初のガソリン自動車
オーナーは「自動車の宮様」**

学問の神として有名ですが、「自動車文化発祥の聖地」でもあります。明治41年（1908）、「自動車の宮様」といわれた有栖川宮威仁親王が、自ら自動車製作所につくらせた日本初のガソリン自動車の「遠乗会」を行い、当宮がその目的地。宮様一行は、参拝して最悪の道路事情にもかかわらず故障も事故もなく無事に走り切ったことを感謝。それで「交通安全祈願発祥の地」なのです。

Information
東京都国立市谷保5209
☎042-576-5123
JR南武線「谷保」駅
徒歩約3分

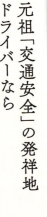

スラッとした脚を手に入れた〜い！「道《どう》祖《そ》神社」に美脚をお願い

戦勝の神様の
何事にも
打ち勝つ力で
ダイエット

女性の美は健康な足元から美脚の願いを叶える！

亀有香取神社のご祭神・経《ふ》津《つ》主《ぬしの》命《かみ》は、本来が武神でスポーツ振興、身体健全、足腰健康の守護神。境内に祀られている道祖神は旅人を守る健脚の神様。両方のご神徳が合体して、今日では女性の美はまず健康な足元からという考え方に基づき、女性の美脚の守り神としてご利益を発揮しています。授与している「健康美脚守」は舞妓さんの履く駒下駄（ぽっくりさん）を模した根付型のかわいいものです。

Information
東京都葛飾区亀有3-42-24
☎03-3601-1418（亀有香取神社）
🚃JR常磐線「亀有」駅
徒歩約5分

サラつや髪を手に入れたいなら王子神社境内末社の「関神社」にお願い！

日本で初めて
カツラを考案
したカミサマ
に会える神社

髪の悩みを救ってあげたいやさしい心の神格化

髪の悩みは昔も今も変わりなし。ご祭神の蝉丸法師は、お姉さんの髪の悩みを解決してあげようと、日本で初めてカツラを考案した優しい心の持ち主。音曲芸能の神様であることから、歌舞伎や浄瑠璃役者とカツラや髷《まげ》に深く関係するヘアメイクの元祖ともいえる神様です。今ではカツラや理美容業界の関係者、さらに髪にまつわる悩みを抱えて苦しんでいる人々から熱心な祈願を集めています。

Information
東京都北区王子本町1-1-12
☎03-3907-7808（王子神社）
🚃JR京浜東北線ほか
「王子」駅徒歩約3分

あとがき

日本には、八百万の神といわれるくらい数多くの神様がいます。そのなかから、自分のお願いにあった神様、つまり祈願対象となる最適な神様を見つけるのは大変です。実際に神社にお参りしてみればわかるように、今日では祀られている神様のほとんどが、複数のご神徳を備えるとされています。

神社が「縁結びの神」や「金運財福の神」など、一番の特徴を明示していればわかりますが、そうでないとなんとなくピントが合わせにくくて、祈念するパワーもいまひとつ集中力に欠けたりしがちです。なぜ、個々の神様が一つでなく、いろいろなご利益を発揮するのかといいますと、その要因は日本の神さまの大きな特徴でもある「自在性」です。いつでもどこでも自在に存在できることもそうですが、ご利益についても、人々の欲求や悩みに適宜、自在に対応できることです。

それでも、基本となる中心的なご神徳というのは、その神様の本来の性格に基づいているものですから、決して変化しません。あくまでも祈願する側の気持ちの問題ですが、この「中心的な神徳」に基づくご利益こそ、神様の霊力がより強力に発揮されると考えられます。まさに自分の祈願内容にあった神様（神社）探しのポイントはここにあります。

　そして、本書は読者が「中心的な神徳」探しに煩わされることなく、目的を絞った神社めぐりができるようになっています。掲載にご協力いただいた社寺の方々には感謝の念に耐えません。また、できるだけ効率よくめぐれるようなコースの工夫もしました。協力いただいた編集の静内二葉さん、記者の茂木宏美さん、ありがとうございました。

　ご利益にあやかりたい、というお願いを気にする方もいらっしゃるでしょうが、人間のことは昔から神様もお見通しですから、そのことで気に病む必要はないでしょう。くれぐれも神社で決められているマナーを守って、気持ちよく参拝してほしいと思います。

二〇一六年十二月　戸部民夫

参考文献

戸部民夫
『神社でたどる「江戸・東京」歴史散歩』
洋泉社

戸部民夫
『「日本の神様」がよくわかる本
八百万神の起源・性格からご利益までを完全ガイド』
PHP研究所

江戸東京散策倶楽部編
『江戸東京歴史散歩1　都心・下町編』　学習研究社

江戸東京散策倶楽部編
『江戸東京歴史散歩2　都心・山の手編』　学習研究社

稲葉博
『東京古社名刹の旅』　読売新聞社

小山和
『江戸古社70』NTT出版

本書掲載の情報は、各社寺の事情により変更になる場合があります。
各社寺の参拝時間や祭事などについての最新情報に関しては、
ホームページや案内などをお確かめのうえ、お参りください。
また、徒歩所要時間は距離80mにつき
1分間を要するものとした目安です。
祭神は主祭神を中心とし、各社寺が公表しているものに準じました。
上記につきまして、あらかじめご了承ください。

Recommended

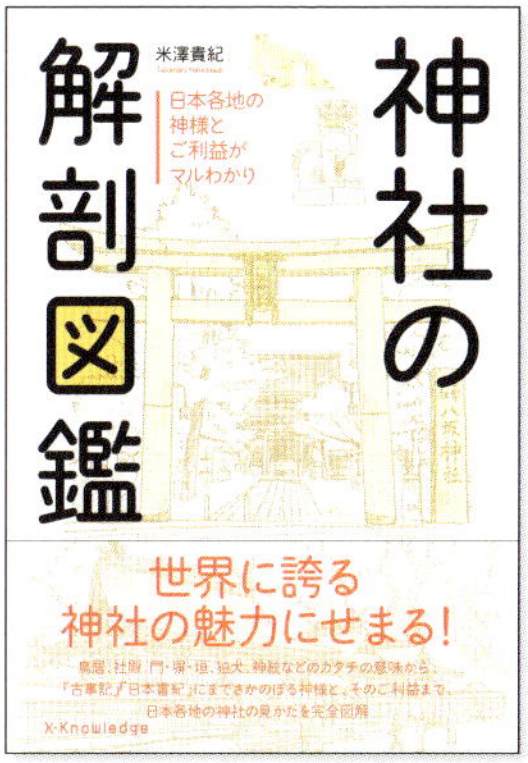

世界に誇る
神社の魅力にせまる!

神社とは何か? 神様は誰なのか? がマルわかり

神社の解剖図鑑

著：米澤 貴紀
定価：1,600円＋税
ISBN：978-4767821009

見てたのしむ、今までにない
レトロ建築の写真集！

うつくしいたてもの50件の魅力、再発見!

東京レトロ建築さんぽ

著：倉方 俊輔　写真：下村しのぶ
定価：1,800円＋税
ISBN：978-4767822372

あなたの知らない
とっておきの美術館、あります!

週末、ぶらりとミュージアムさんぽへ

東京のちいさな 美術館・博物館・文学館

著：増山かおり
定価：1,500円＋税
ISBN：978-4767822167

東京の
神社さんぽ

2016年12月21日　初版第1刷発行

著　者　戸部民夫
発行者　澤井聖一

発行所　株式会社エクスナレッジ
〒106-0032 東京都港区六本木7-2-26
http://www.xknowledge.co.jp/

問合せ先　編集 Tel 03-3403-1381
Fax 03-3403-1345／info@xknowledge.co.jp
販売 Tel 03-3403-1321
Fax 03-3403-1829